Lena Zimmer

Brückenkinder

Kinder – Jugend – Lebenswelten

Transnationale und interkulturelle Studien

Im Gedenken an Wolfgang Karcher († 1999), der der interkulturell und international orientierten Bildungsforschung wichtige Impulse gegeben und die Vorgängerreihen „Kritische und selbstkritische Forschungsberichte zur Dritten Welt“ und „Internationale Beiträge zu Kindheit, Jugend, Arbeit und Bildung“ mit gegründet hat.

herausgegeben von

Prof. Dr. Manfred Liebel (INA-FU Berlin),
Prof. Dr. Bernd Overwien (Universität Kassel und INA-FU Berlin),
Prof. Dr. Marie-Theres Albert
(Brandenburgische Technische Universität Cottbus),
André Dupuis (GEW),
Prof. Dr. Beatrice Hungerland (Hochschule Magdeburg-Stendal),
Albert Recknagel (terre des hommes),
Dr. Ilse Schimpf-Herken (Paulo-Freire-Institut an INA-FU Berlin)
und Dr. Anne Wihstutz (Universität Halle-Wittenberg)

in Zusammenarbeit mit der
Gewerkschaft Erziehung und Wissenschaft (GEW)
und der Internationalen Akademie
für innovative Pädagogik, Psychologie und Ökonomie (INA gGmbH)
an der Freien Universität Berlin

Band 2

LIT

Lena Zimmer

BRÜCKENKINDER

Lebensentwürfe von Kindern und Jugendlichen im Grenzraum zwischen Myanmar und Thailand

LIT

Bibliografische Information der Deutschen Nationalbibliothek
Die Deutsche Nationalbibliothek verzeichnet diese Publikation in der Deutschen Nationalbibliografie; detaillierte bibliografische Daten sind im Internet über http://dnb.d-nb.de abrufbar.

ISBN 978-3-8258-1608-7

Verlagskontakt:
Fresnostr. 2 D-48159 Münster
Tel. +49 (0) 2 51-620 32 22 Fax +49 (0) 2 51-922 60 99
e-Mail: lit@lit-verlag.de http://www.lit-verlag.de

Auslieferung:

Deutschland: LIT Verlag Fresnostr. 2, D-48159 Münster
Tel. +49 (0) 2 51-620 32 22, Fax +49 (0) 2 51-922 60 99, e-Mail: vertrieb@lit-verlag.de

Österreich: Medienlogistik Pichler-ÖBZ GmbH & Co KG
IZ-NÖ, Süd, Straße 1, Objekt 34, A-2355 Wiener Neudorf
Tel. +43 (0) 22 36-63 53 52 90, Fax +43 (0) 22 36-63 53 52 43, e-Mail: mlo@medien-logistik.at

Schweiz: B + M Buch- und Medienvertriebs AG
Hochstr. 357, CH-8200 Schaffhausen
Tel. +41 (0) 52-643 54 85, Fax +41 (0) 52-643 54 35, e-Mail: order@buch-medien.ch

Ich danke von ganzem Herzen Matcha Pornin (Jeab), Guljohn Jeamram (Kru Ngaow), Asan, Michi, Amina und Aphu und den anderen Kindern von Maesai und Tachileik; Mike Daly und meinen Eltern, Ruth Gerstacker und Jürgen Zimmer, für ihre Unterstützung und ihren Beitrag zur Verwirklichung dieses Projekts.

Lena Zimmer

Südostasien – geographischer Überblick

Abbildung 1

Die Grenzorte Maesai und Tachileik

Abbildung 2

Die Grenzbrücke

Abbildung 3

Inhaltsverzeichnis

Der soziokulturelle Hintergrund der Akha

Die Akha der Brücke

Teil IV

Die Brückenkinder

Teil V

Ausblick

Teil VI

Szenen

Wenn man von Bangkok der Straße folgt, die viele hundert Kilometer schnurgerade nach Norden führt; wenn man die Hauptstadt des Nordens, Chiangmai, hinter sich lässt und sich vorbei an Chiangrai weiter nach Norden bewegt, bis die vierspurige Straße abrupt endet; wenn sich einem das riesige Tor mit hoher Eisenpforte in den Weg stellt: Dann ist man am nördlichsten Punkt Thailands angelangt.

Den Fluss, der dort die Grenze zwischen Thailand und Myanmar markiert, überquert man trockenen Fußes nur über die Brücke, auf der sich die Straße hinter dem Tor fortsetzt. Würde man der Straße weiter folgen, gelangte man zuerst nach Kyaington, der ehemaligen Hauptstadt des Shan-Staates, und dann nach Mong-La, dem Klein-Las Vegas im chinesischen Stil am Grenzübergang nach China. Aber wer würde die beschwerliche Weiterreise ohne triftigen Grund auf sich nehmen? Verweilen wir einen Moment auf der Brücke.

*

Seit Jahren klettern Kinder und ihre Mütter täglich über den Zaun, der die Brücke abschirmt. Dies ist nicht erlaubt, aber es spielt keine Rolle für die Grenzkontrolleure, weil sie wissen, dass die Bettler später wieder zurückklettern werden. Die Kinder dürfen ohne Pass die Kontrollen passieren, und Sanktionen gegen Mütter haben keinen Effekt: Man kann sie zwar ein paar Nächte lang einsperren oder zurück nach Myanmar abschieben. Am darauf folgenden Tag kommen sie jedoch wieder und machen weiter wie immer. Auf einem unauffälligen Schild ist zu lesen: "Der Besucher möge Bettlern bitte kein Geld geben." Ein stillschweigendes Abkommen zwischen Brückenakteuren und Grenzbeamten gilt seit Jahren: Man lässt den anderen gewähren und behindert ihn nicht bei der Arbeit. Über den Zaun ist der Weg kürzer als durch die Kontrollen, weniger beschwerlich auch als über das Brückengeländer und durch den Fluss.

Eines Tages wurde Stacheldraht auf dem Zaun befestigt.

Als kleinen Dienst an der Gemeinschaft sägten einige Jungen des Nachts eine der Eisenlatten aus dem Zaun heraus - ein neuer Durchgang war geschaffen.

Dieser Eingang zur Brücke kann nur von bestimmten Gruppen passiert werden. Es sind die, die zuvor über den Zaun stiegen. Nun laufen sie unbehelligt hindurch. Ein Kind versuchte, Zoll für die Passage zu erheben. Es wurde ausgelacht und beiseite geschoben.

*

Ein zweijähriges Mädchen heult vor Wut. Die Frau mit dem grün karierten Kopftuch greift ihre Tochter am Arm und drückt ihren Körper auf den Boden. Als das Kind verstummt, lässt die Mutter los. Verdutzt richtet sich das Mädchen auf und bewegt sich auf die Gruppe von Kindern und Frauen zu, die am Bordstein sitzen. Diese bemerken die Szene kaum.

"Du musst dich mehr anstrengen", sagt die Mutter. Sie hört sich aufgebracht, ein bisschen gehetzt an. "Heute hast du noch gar nichts bekommen, nur herumgespielt!" Das Mädchen wimmert ein paar Atemzüge lang und hält sich an den Falten des knielangen Mutterrocks. Dann legt sich der Arm der Mama um ihre Schultern, sie wird hoch gezogen und auf den Arm genommen. Die beiden setzen sich eine Weile auf den Boden, bis das Kind seine Tränen vergisst, dann stupst die Mutter das Kind: "Guck mal, der große Weiße dort mit der großen Tasche. Der gibt dir bestimmt was."

*

Plötzlich kommt Bewegung in die Gruppe der am Boden sitzenden Frauen und Kinder. Die Mütter nehmen schnell die Taschen und Bündel von Plastikflaschen, suchen ihre Kinder und fordern sie auf, sich sofort hinüber zur myanmarischen Seite zu bewegen.

Ein breitschultriger Mann in schwarzer Uniform löst sich aus der Menschenmenge an der thailändischen Passkontrolle. Er ist Beamter der Grenzpolizei. Er breitet die Arme aus und scheucht die Bettlergruppe von der Brücke wie ein Rudel Hunde.

Die Kinder und Frauen verweilen kurz im Schatten eines großen Baumes. Danach kehren die Mütter auf ihre Beobachtungsposten zurück, und die Kinder folgen in der Menschenmenge bettelnd den Passanten.

*

Muchi[1] und Losi hatten es sich wie an vielen anderen Abenden auf den Stufen vor dem kleinen Supermarkt gemütlich gemacht. Ein Mann hatte ihnen eine Tüte Chips geschenkt, und sie hatten dazu eine Plastikbox Instantnudeln gekauft, die sie im Laden mit heißem Wasser auffüllen durften. Der Klebstoff reichte für den Rest des heutigen Tages - jeder von ihnen hatte schon mehrere Dosen inhaliert und nahm die Straßenszenerie durch eine wohlige Wolke wahr. Es versprach, ein heiterer, gemütlicher Abend zu werden für die beiden Freunde, an dem auch noch das eine oder andere Geldstück oder Bonbon in Losis umgedrehte Schirmmütze fallen würde.

Ein Pick-up hält mit etwa fünfzehn vermummten Personen. Sie haben Schlagstöcke und Gewehre. Dienstabzeichen zieren Revers und Mütze des Offiziers, der die Beifahrertüre öffnet. "Eine Routinepatrouille", gibt er den Umstehenden zur Auskunft. Sie würden lediglich nach dem Rechten sehen. Ein Sekre-

[1] Die Namen aller Kinder wurden aus Personenschutzgründen geändert.

tär des Premiers ist für morgen zur Durchreise angekündigt. In Tachileik finden Verhandlungen über den geplanten Staudamm am Salween-Fluss statt.

Die beiden Jungen reagieren zu langsam. "So, so, was haben wir denn hier? Kann ich mal diese Dose sehen, junger Mann? Klebstoff?" Ein neues Gesetz[2] besagt, dies ist strafbar. Die Jungen werden von jeweils drei Männern hochgenommen, mit Handschellen versehen und auf die Ladefläche gehoben. Losi ist blass und bibbert.

Drei Tage später sind sie wieder zurück. "War nicht so schlimm wie ich es mir vorgestellt hatte", sagt Muchi. "Wir haben zu essen bekommen, und der Fernseher lief die ganze Zeit." Er streckt sich gähnend: "Ah, wie lange habe ich nicht mehr so viel geschlafen! Heute Morgen haben sie uns geweckt und sagten, wir könnten jetzt wieder gehen. Nichts weiter."

*

"Bitte, mein Herr, fünf Baht! Meine Mutter ist krank, meine kleine Schwester so hungrig. Sehen Sie, sie weint den ganzen Tag." Eine Silbermünze klackert in den Becher. Ati nimmt sie heraus und steckt sie in die Hosentasche, die inzwischen ziemlich ausgebeult ist. Beim Laufen schlägt ihm der Inhalt gegen den Oberschenkel. Nur einen Passanten noch, dann erst mal Pause. Er kneift in das Bein des Kindes auf seinem Rücken und dreht sich entschuldigend zu dessen Mutter um. Die Kleine war eingeschlafen. "Mister, Mister..." Keine Reaktion. Er ruft seiner Mutter etwas zu, die unter der Brücke im Schatten wartet. Einem Mönch folgt er noch hinüber zur myanmarischen Seite. Unter seiner Robe holt er zehn Baht hervor. Vielleicht kommt er aus Bangkok, denkt Ati. "Danke, danke. Vielen Dank." Er verbeugt sich fast bis zum Boden.

Am Brückengeländer hockt sich Ati auf den Boden, lockert das Tuch vor der Brust und setzt das Kleinkind ab, lacht es an und tätschelt seine Wange - es lacht zurück und dreht sich, um davonzukrabbeln. Seine Mutter kommt herüber und nimmt es hoch. Ati setzt eine unbeteiligte Miene auf, als er das Geld aus der Hosentasche holt. Eine Handvoll nach der anderen lässt er, über die Brückenkante gebeugt, hinabfallen. Die Münzen prasseln in den Kelch aus blauem Stoff eines Regenschirms, den Atis Mutter umgekehrt über dem Kopf aufgespannt hält. Um Hartgeld und Kleinkind erleichtert, setzt der Junge bald seinen Gang fort: "Fünf Baht, Mister, bitte! Ihre Cola, Mister, bitte! Ich habe solchen Durst!"

---

[2] Im Zuge der Weiterführung von Premierminister Taksins 'War on Drugs' wurde der Besitz von chemischen Substanzen, die sich als Schnüffelstoffe utilisieren lassen, unter Strafe gestellt (Bangkok Post, 16.04.06).

Einleitung

Diese Magisterarbeit basiert auf der selbstorganisierten Lehrforschung im Rahmen des Hauptstudiums des Fachs Ethnologie an der Freien Universität Berlin, die in zwei Phasen - von Januar bis April 2005 und von Februar bis Mai 2006 - in Maesai, Thailand, und Tachileik, Myanmar, von mir durchgeführt wurde.

Die Arbeit handelt von den Kindern an und auf der Brücke über den schmalen Fluss Saai, dem Grenzfluss zwischen Thailand und Myanmar, welcher die Städte Maesai und Tachileik verbindet. Sie handelt von jener Phase ihres Lebens, in der die Brücke einen zentralen Ort in ihrem Alltagsleben darstellt.

Sie nimmt historische, soziale, kulturelle und ökonomische Entwicklungen in den Blick, die den Ort des Geschehens mitbestimmen, sie fragt nach dem Wandel dieses Geschehens sowie nach den Optionen und Zwängen, die das Leben der sozialen Akteure, der Brückenkinder, kennzeichnen.

Anliegen dieser Arbeit ist es, einen Ausschnitt der sich rasch wandelnden Lebenswirklichkeit der Brückenkinder zu beschreiben und zu überlegen, welche Anforderungen daraus für die Kinder erwachsen und mit welchen Handlungsstrategien sie sie zu bewältigen versuchen. Die Arbeit fragt nach Themen des Alltags, denen die Brückenkinder zentrale Bedeutungsgehalte beimessen: nach den Schlüsselproblemen, den generativen Themen im Sinne Paulo Freires. Das erkenntnisleitende Interesse richtet sich aber auch auf die Ressourcen der Kinder, auf ihre besonderen Fähigkeiten, auf ihre sozialen Netzwerke und auf ihre Kompetenz, angemessene Handlungs- und Sozialstrategien zu entwickeln.

Die Studie versteht sich als Beitrag zur sozialwissenschaftlichen Kindheitsforschung, in der es einerseits um die 'Sichtbarmachung' kindlicher Lebensformen und andererseits um die Thematisierung gesellschaftlicher Machtverhältnisse geht, welche sich auf die Lebensbedingungen der Brückenkinder auswirken.

Ausgehend von einem Aufriss der Hintergründe der ethnologisch-sozialwissenschaftlichen Kindheitsforschung, in dem das abendländische Kindheitsbild und der Begriff des 'Straßenkindes' hinterfragt werden, wird versucht, zu einer eigenen Terminologie zu gelangen (Teil I). Im Anschluss daran werden einige der Bedingungen, Vorgehensweisen und Methoden der Lehrforschung thematisiert (Teil II).

Danach wird das Setting betrachtet, in dem die Kinder agieren. Einige Ausschnitte der komplexen gesellschaftlichen Situation in der Grenzregion Thailand/Myanmar/Laos/China werden herausgegriffen und am Beispiel der ethnischen Gruppe der Akha, deren Kinder die Mehrheit der Brückenkinder bilden, illustriert. Die ökonomische Funktion der Kinder innerhalb ihrer Familien und die soziale Positionierung dieser Familien im Grenzort werden dabei erläutert (Teil III und Teil IV).

Wie unterschiedlich sich vor diesem Hintergrund die Lebenswelten der einzelnen Kinder gestalten, ist fortan Gegenstand der Betrachtungen. Anhand der Geschichten von Kindern werden individuelle Bedeutsamkeiten von 'thematischen Universen[3]' (Paulo Freire), von epochalen generativen Themen, erkennbar (Teil V).

Die Geschichten, obwohl sie den Schauplatz der Brücke teilen, finden in zum Teil sehr unterschiedlichen Handlungskontexten statt; die Anforderungen und Aufgaben, denen sich die Protagonisten gegenüber sehen, variieren stark. Es wird deutlich, dass diese Kinder extremen psychischen Belastungen ausgesetzt sein können, dass sie sequentielle Traumatisierungen erleben. Dass einige von ihnen jedoch ein hohes Maß an Resilienz entwickeln, lässt sich auf Ressourcen zurückführen, die in ihnen selbst und ihrer sozialen Umwelt verortet sind.

Die Arbeit mündet in der Frage, wie sich das abendländische Kindheitsbild zu den Erfahrungen dieser Kinder und zu ihren Alltagsstrategien verhält; worin der Eindruck des westlichen Betrachters begründet liegt, die Brückenkinder seien Kinder, Erwachsene und Menschen am Lebensabend zugleich.

---

[3] Vgl. Freire 1971, S. 112.

Abbildung 4: Der Grenzfluss teilt die Orte Tachileik und Maesai und markiert die Grenze zwischen Myanmar und Thailand.

Abbildung 5: Die Grenzakteure können sich ungehindert über formale Grenzbarrieren hinweg setzen, zum Beispiel vom Fluss her die Grenzbrücke erklimmen.

Abbildung 6:
Zu Beginn der Touristensaison jedoch wird vermehrt gegen die Bettler vorgegangen: sie werden vertrieben oder zeitweise inhaftiert.

Teil I

Theoretischer Bezugsrahmen – sozialwissenschaftliche Kindheitsforschung

Von den Besonderheiten des Forschens über Kinder

> “Wir alle kommen aus der Kindheit. [...] Beim wissenschaftlichen Reden oder Schreiben über Kindheit dagegen vergessen wir oft unsere eigene, vergangene. [...] Wie der erwachsene Mann bis vor zwei Jahrzehnten für die Ethnologie unangefochtener Vertreter seiner Kultur war, bilden bis heute die Erwachsenen die Perspektive, unter der andere Kulturen erforscht werden. “
> (van de Loo/Reinhart 1993, S. 7)

Kinder in der Ethnologie - Ethnologie der Kindheit

Die Erforschung von Kindern und Phänomenen von Kindheit diente in der Ethnologie in der Vergangenheit vor allem dazu, zu erklären, wie es zu dem Erwachsenen mit seinen Einstellungen und Verhaltensweisen kommt. Kindheit wurde dabei als Vorbereitungsphase verstanden, als Lernprozess, als dessen Endprodukt der Erwachsene stand und bekannt zu sein schien (van de Loo/Reinhart 1993, S. 7).

In der Folge von Paradigmenwechseln in den Kindheitswissenschaften wie in der Entwicklungspsychologie und der Erziehungswissenschaft - die seit den siebziger und achtziger Jahren zunehmend dem Kind autonome Kompetenzen zusprechen und Kindesentwicklung vermehrt als kontextgebunden wahrnehmen sowie universale Gesetzmäßigkeiten und vermeintlich allgemeingültige Stufenmodelle kritisch betrachten - hält in der Ethnologie seit einigen Jahren eine Programmatik Einzug: Es sei notwendig, Kinder als soziale Akteure, als Menschen mit eigenem Recht zu erkennen und als solche zu untersuchen.

Die Forderung, Kindheit als soziales Konstrukt zu begreifen, hatte frühe Verfechter in der amerikanischen kulturanthropologischen Schule (z.B. Margaret Mead 1928 und Ruth Benedict 1935). Die Betrachtungsweise, Alter als differenzierendes Moment der gesellschaftlichen Ordnung wahrzunehmen, war zu dieser Zeit in der anthropologischen Disziplin schon keine neue Idee mehr. Trotzdem beschreiben die Autoren van de Loo und Reinhard 1993 den Trend, Kinder als “Kultur-Schaffende” zu verstehen, als noch neu und sehen eine Ethnologie der Kindheit erst langsam im Entstehen begriffen.

Die Perspektive des Forschers

Bei der Interpretation fremder Lebensweisen ist das Denken des Betrachters immer beeinflusst von Konzepten, die sein eigenes kulturelles Milieu anbietet. Der Blick ist in keinem Fall frei von Vorannahmen, die meisten davon sind unbewusst. Clifford Geertz verdeutlicht den hermeneutischen Zirkel der eigenkulturellen Deutungsmuster:

> "So springen wir ständig von einer Seite auf die andere, betrachten das Ganze aus der Perspektive seiner Teile, die ihm zu Lebendigkeit und Nähe verhelfen, und die Teile aus der Perspektive des Ganzen, aus dem sie verständlich werden. Wie ein *Perpetuum mobile* wollen wir ständig eins aus dem anderen erklären" (Geertz 1987, S. 307).

Die Erkenntnis der Notwendigkeit, den eigenen Kindheitsbegriff als ein historisch spezifisches, soziokulturelles Konstrukt zu betrachten, welches der Reflexion bedarf, ist auf gutem Wege, in den Kanon der sozialwissenschaftlichen Disziplinen einzugehen. Trotzdem bleibt der Versuch einer Trennung von Wissenschafts- und Alltagsdiskursen zum Teil bruchstückhaft, die alten Konzepte üben Einfluss aus sowohl auf die Fremd-, als auch auf die Selbstwahrnehmung junger Menschen. Um den aus meiner eigenen kulturellen Herkunft gespeisten hermeneutischen Zirkel des Phänomens 'Kindheit' und 'Straßenkindheit' zu überwinden, werde ich in diesem Kapitel versuchen, das westliche Konzept von Kindheit und seine Entstehungsbedingungen zu rekapitulieren und meine eigene kulturelle Wahrnehmung im Hinblick auf das Phänomen zu benennen, und, hoffentlich reflektierter, die Studie über Kindheit auf der Brücke zwischen Maesai (Thailand) und Tachileik (Myanmar) anschließen.

Die Entstehung des abendländischen Kindheitsmodells bildet ein bändefüllendes Thema. An dieser Stelle werden nur einige seiner Strukturen skizziert. Dabei sollen vor allem die Mechanismen und Strategien sichtbar gemacht werden, die dazu beitragen, den Kindheitsbegriff so nachhaltig in den Köpfen der Menschen zu verankern.

Der Zugang der Sozial- und Kulturwissenschaften

Gesellschaftliches Alltagswissen, auch jenes um Kindheit, wird tradiert, gesellschaftlich vererbt. Da gemäß der verstehenden Soziologie (Schütz/Luckmann 2003) die Welt des Alltags die oberste, selbstverständlichste und vornehmliche Wirklichkeit des Menschen ist, und der Mensch diese gegliederte Sozial- und Kulturwelt als Bezugsrahmen für sich, aber auch für seine Mitmenschen wahrnimmt, vertraut er darauf,

> "dass die Welt, so wie sie [ihm] bisher bekannt ist, weiter so bleiben wird und dass folglich der aus [seinen] eigenen Erfahrungen gebildete und der von [seinen] Mitmenschen übernommene Wissensvorrat weiterhin seine grundsätzliche Gültigkeit behalten wird" (Schütz/Luckmann 2003, S. 34).

Nach der Etablierung eines Elementes im Pool gesellschaftlichen Wissen werden diese Phänomene als 'wirklich', 'natürlich' und 'normal' erlebt. Dieses

Wissen bedarf, aufgrund der angenommenen 'Konstanz der Weltstruktur' und der 'Gültigkeit der Vorerfahrung', keiner weiteren Hinterfragung (ebd. 2003).

Das diskursiv produzierte gesellschaftliche Konstrukt kindlicher Identität entfaltet in der Alltagspraxis auf diese Weise eine große Wirkung.

Stuart Hall beschreibt die Entstehung der Wirksamkeit eines Diskurses in der Praxis im Sinne Foucaults folgendermaßen:

> „Discourse is about the production of knowledge through language. But it is itself produced by a practice: ‚discursive practice' – the practice of producing meaning, all practices have a discursive aspect. So discourse enters into and influences all social practices" (Hall 1992, S. 291).

Foucault verdeutlicht die Relativität von Wahrheit:

> „Truth isn't outside power … Truth is a thing of this world; it is produced only by virtue of multiple forms of constraint … And it induces regular effects of power. Each society has its regime of truth, its 'general politics' of truth; that is, the types of discourse which it accepts and makes function as true; the mechanisms and instances which enable one to distinguish 'true' and 'false' statements; the means by which each is sanctioned: and the techniques and procedures accorded value in the acquisition of truth: the status of those who are charged with saying what counts as true" (Foucault 1980, S. 131).

Die entscheidende Frage ist also nicht, welche Aussagen über Kindheit ‚wahr' oder ‚falsch' sind, sondern welche von ihnen effektiv sind in der gesellschaftlichen Praxis, die Lebenswelten von Kindern gestaltet. Diesen Praxen unterliegen unhinterfragte Werte und Konzeptionen über Kinder und Kindheit. Sie beeinflussen die Art und Weise, wie Kinder wahrgenommen werden, die Strategien der Erwachsenen im Umgang mit ihnen werden Gestaltungselement von kindlichen Lebenswelten, und nicht zuletzt wirken sie an der Konstituierung der Selbstbilder der Kinder mit.

Das Wissen um Kindheit, das seine Wirkmacht in den Lebenswelten der Individuen entfaltet, ist, so wie andere Elemente gesellschaftlichen Alltagswissens, kontextspezifisch. In den postindustrialisierten Nationen der westlichen Welt hat sich über die Jahrhunderte ein Kindheitsbegriff herausgebildet, der bei der Analyse von Kindheitswirklichkeiten im Zusammenhang seines kulturhistorischen Kontext gesehen und als soziokulturelles Konstrukt reflektiert werden muss, denn jede Theorie über Kindheit impliziert ein Konzept sozialer Wirklichkeit und sozialer Ordnung (Jenks 1982, S. 14).

Es besteht ein enger Zusammenhang zwischen dem Konzept des Kindlichen und der Identitätskonstruktion Erwachsener. Neu am Ende des 18. Jahrhunderts war die besondere Attribuierung von Kindern, denen man Natürlichkeit, Einfachheit und Sensualität zusprach. Mit dem aufkommenden modernen Kindheitskonzept erlangte 'Erwachsen-Sein' Stärke und Identität, indem 'erwachsen' von 'kindlich' zunehmend abgesetzt wurde. Kindheit ist deshalb auch Kategorie der Selbstbezüglichkeit Erwachsener (Honig 1999). Die Herausbildung der Kategorie Kindheit verlief parallel zum europäischen kolonialen Kontext. Er entwickelte sich zeitgleich und in Beziehung zu der entstehenden kolonialen Symbolwelt, zu den Diskursen um 'Primitive, Barbaren' und 'edle Wilde', in denen 'Eingeborene' mit Kindern auf eine Stufe gesetzt wurden. Schon vor dem Zeitalter der Aufklärung zeichneten sich diese Diskursformationen ab. Beispiel ist die im Jahre 1550 geführte Diskussion vor dem Hintergrund der 'Entdeckung' Amerikas. Der spanische Philosoph Sepúlveda erörtert die Frage, ob die so genannten 'Indianer' den Spaniern ebenbürtig seien.

> "An Klugheit und Scharfsinn sind die Spanier diesen Barbaren so weitaus überlegen wie die Erwachsenen den Kindern und die Männer den Frauen; zwischen ihnen besteht ein ebenso großer Unterschied wie zwischen wilden und grausamen Menschen und solchen von großer Sanftmut, zwischen vollkommen maßlosen und solchen, die maßvoll und enthaltsam sind und fast möchte ich sagen, wie zwischen Affen und Menschen" (Sépulveda 1951, S. 33, in: Torodov 1985, S. 185; zit. nach Bertram 1995, S. 37).

Der erwachsene, männliche, europäische, rationale, der nach den Grundsätzen der Aufklärung zivilisierte Mensch wurde durch diese Dichotomiebildung abgesetzt von den 'wilden' Elementen der Welt. Ziel war die Beherrschung der Natur, die Austreibung des Irrationalen. Dies bezog sich auch auf die innere Natur, auf den eigenen Körper. Diese Abgrenzung diente nach Erdheim (1988) dazu, disziplinierte Menschen bar jeder 'Natürlichkeit' und 'Ursprünglichkeit' hervorzubringen, die im Zuge der Industrialisierung Europas für die industriekapitalistische Produktion notwendig wurden. Das Leben der Menschen mit fortschreitender Zivilisierung wurde affekt- und lustloser, so dass mit der Verherrlichung der 'unberührten Natürlichkeit' und dem Exotismus, der Idealisierung der 'vorzivilisatorischen' Fremde, eine rückwärtsgewandte Fluchtbewegung einsetzte, in deren Kontext sowohl das Bild vom 'edlen Wilden' als auch die idealisierte Vorstellung der 'Natürlichkeit des Kindes' und der Kindheit als 'goldene, glückselige Lebensphase' zu Gegenbildern stilisiert und Teil der Zivilisationskritik wurden. Als Gegenbewegung zur quantifizierenden Wahrnehmungsweise, die sich mit der Aufklärung durchgesetzt hatte, wurde eine von Brenner als 'ästhetischer Blick' bezeichnete Perspektive entwickelt. In ihr wurde im 18. Jahrhundert erstmalig natürliche Wirklichkeit zum Gegenstand ästhetischer Sichtweise, Natur erschien als 'schön' (vgl. Bertram 1995, S. 44 ff/Brenner 1989, S. 35). Kindheit, als Symbol naturhafter Lebensweise, wurde zur Projektionsfläche erwachsener Sehnsüchte.

Es zeigt sich, dass beide Diskurse - um Kinder und um fremde Völker - von derselben Ambivalenz zwischen Dämonisierung und Romantisierung gekennzeichnet sind. Ihre Funktion besteht in der Abgrenzung des 'Eigenen' und der Legitimation einer Vormachtstellung; es wurden Systeme von Zuschreibungen entwickelt, die der Identitätskonstruktion und der Sich-seiner-selbst-

Versicherung der Sprechenden - des europäischen, erwachsenen (und männlichen[1]) Menschen - dienen. Ebenso wie in rassistischen und exotistischen Wahrnehmungsmustern führt das entstandene Kindheitsbild dazu, dass den kindlichen Personen Subjektcharakter abgesprochen und sie durch Zuschreibung von Objekthaftigkeit herabgesetzt werden.

Das Fremde wird im Gegensatz zum Eigenen diskutiert, erforscht und entdeckt: „Über Kindheit zu reden heißt, dass Erwachsene reden" (Lenzen 1985, S. 11). Mit den westlichen Alltagstheorien über das Kind, der Definition seiner Bedürfnisse (Woodhead 1997) und den Konzepten seiner Erziehung verbinden sich Vorstellungen über das Kind und seine kindlichen Eigenschaften und ein Bild dessen, was ein Kind einmal werden soll - was den Erwachsenen ausmacht. „Wenn jedes Reden über Kindheit ein Reden von Erwachsenen ist, so sprechen Erwachsene auch immer über sich selbst, wenn sie über Kinder reden" (Scholz 1994, S. 8). Das Kindheitsmodell westlicher Gesellschaften ist also ein auf die Identität Erwachsener bezogenes Konzept.

Der europäische Ethnologe Rolf Lindner erklärt die Strategie der Abgrenzung der eigenen Identität:

> „Nur in einem Beziehungsgeflecht macht Gestalt als Symbolformation überhaupt Sinn; nur im Angesicht des Anderen bildet sich das Eigene (über)prägnant heraus" (Lindner 2003, S. 180).

Die Differenzerfahrung erklärend wird im westlichen Erwachsenendiskurs auf die Metapher 'Entwicklung', auf das Konzept der Reifung zurückgegriffen. Die Rezeption der Evolutionstheorie nach Charles Darwin, in der auf eine Parallelität der physiologischen Entwicklung der Art und der individuellen Entwicklung im Embryostadium hingewiesen wird, hatte einen entscheidenden Effekt auf das Entwicklungsparadigma im Kindheitsbegriff. Sowohl die Darwin'sche Evolutionstheorie als auch die evolutionistischen Kulturtheorien wurden daraufhin in psychologischer Hinsicht interpretiert. Ausgehend von der Fortschrittsidee - und unter Einfluss gesellschaftlicher Veränderungen im Zuge der Industrialisierung - wurde gefolgert, dass sich menschliche Gesellschaften von einer 'einfachen, primitiven' zu einer 'komplexen, zivilisierten' Verfassung hin entwickelten. Unter Bezugnahme auf die körperliche Entwicklung von jungen Individuen wurde im Alltagswissen auf ihre geistige Entwicklung geschlossen und daraus die Parallelität zwischen Kindern und indigenen Kulturen abgeleitet (Honig 1999). George Boas führt die Idee einer Parallelität der Onto- und Phyloge-

---

[1] Auf die Rolle des Weiblichen in dieser Debatte kann an dieser Stelle nicht weiter eingegangen werden. Hinsichtlich des Verhältnisses zu Kindern (und nicht-europäischen Menschen) sei jedoch darauf hingewiesen, dass sich an dieser Stelle die Machtverhältnisse überschneiden, da (europäische) Frauen trotz ihrer marginalisierten Genderrolle eine Vormachtstellung einnehmen.

nese auf mittelalterliche Modelle zurück, in denen die Menschheitsgeschichte als Abfolge von Lebensaltersstufen rekonstruiert wurde. Er kritisiert die Erschaffung des 'primitiven Anfangs', dieser symbolischen Formation, die sowohl positiv (Betonung der Friedlichkeit und des Einklangs mit der Natur) als auch negativ (Gewalttätigkeit, Kulturlosigkeit) bewertet werden kann, und nennt sie "The Cult of Childhood" (Boas 1966, in Scholz 1994, S. 55-66).

Diese gesellschaftliche Interpretation der Theorie der Parallelität von Ontogenese und Phylogenese bildet die Basis für die Naturalisierung kindlicher Entwicklung. Die Biologisierung kindlicher Unvollkommenheit lässt Erwachsenwerden dann als natürlichen Gang der zivilisatorischen Entwicklung erscheinen, als Wachstum und Reifung (Honig 1999, S. 62). Kind-Sein wird dadurch als ein sozialer Status, als eine kulturelle Identität diskursiv produziert (Jenks 1982, S. 9-12).

Das 'neue Paradigma der Kindheitsforschung'

Neuere sozialwissenschaftliche Ansätze wenden sich explizit gegen sozialisationstheoretische und psychologische Ansätze, welche Kinder als passive, unreife 'noch-nicht Erwachsene' porträtieren und Kindheit unter Zugrundelegung des teleologischen Konzeptes als eine Art Vorbereitungsstadium als Phase der Eingliederung in die Erwachsenengesellschaft[2] betrachten. Kinder sollten als besondere Mitglieder der Gesellschaft und nicht nur als zukünftige Erwachsene gesehen und als solche untersucht werden (James /Jenks /Prout 1998; Prout /James 1990). "[...] regarding children as people to be studied in their own right, and not just as receptables of adult teaching" (James /Prout 1997, S. 7-8), formulieren James/Prout als das neue Paradigma der Kindheitsforschung. Kindheit, diesem Grundsatz zufolge, muss als soziales Konstrukt behandelt werden, welches nicht lediglich kulturell spezifisch ist, sondern außerdem historischem Wandel unterliegt. Kindheit tritt in der Kulturanalyse als eine der vielen kulturellen Variablen /Differenzlinien auf und kann nicht von anderen kulturellen Variablen wie soziale Klasse, Gender, Ethnizität getrennt betrachtet werden. Kindheit erscheint für die Kulturanalyse als sozialstruktureller Kontext von Kinderleben und ist Gegenstand der Analyse. Kinder, so der Kern der Aussage, sind soziale Akteure, die ihr eigenes Leben mitgestalten. Als solche sollen sie wahrgenommen und untersucht werden (Prout /James 1990). Gegenstand des neuen

---

[2] 'Sozialisation': Allgemein: "Prozess der Einordnung des Einzelnen in die Gemeinschaft" (Duden 1966, Bd 5, S. 663). Völkerkundlich: "Prozess der Übernahme kultureller und gesellschaftlicher Normen und Wertesysteme, der sich durch Enkulturation und Erziehung vollzieht" (Kubik 1988. In: Hirschberg 1988, S.444).

Paradigmas ist die Rekonstruktion von gesellschaftlichen 'Kindheitswirklichkeiten' (James /Prout 1997, S. 3-5).

Der Paradigmenwechsel in der Kindheitswissenschaft fand im Zusammenhang mit Umbrüchen anderer gesellschaftlicher Diskurse statt. Er reflektiert nicht nur den "innerwissenschaftlichen Erkenntnisfortschritt, sondern vor allem das Brüchig-Werden eines epochaltypischen Kindheitsmodells" (Honig /Lange/Leu 1999, S. 12-13). Die Geschichte der Forschung über Kinder repräsentiert den gesellschaftlichen Wandel des Interesses an ihnen. Dieser geht mit der Veränderung des Stellenwerts von Kindern in westlichen Gesellschaften im Laufe der letzten Jahrhunderte einher.

Zur Methodologie der Kindheitsforschung

Die methodologische Entsprechung des Interesses an der eigenständigen, eigenwertigen Wirklichkeit von Kindern wäre eine Forschung aus der Perspektive des Kindes. Obwohl mittlerweile das objekttheoretische Konzept des Akteurs ausdifferenziert wurde, existiert noch kein ausgereiftes ethnomethodologisches Konstrukt zur Umsetzung der Forderung nach kindlicher Perspektivität - die Forschung von der Perspektive des Kinder aus sei weithin eher eine Programmatik als ein methodologisches Konstrukt, stellen die Kindheitswissenschaftler Honig/Lange/Leu im Jahr 1999 fest.

Der Begriff der Perspektive bezieht sich in diesem Entwurf auf die historischen (und kulturellen [Anm.d.A.]) Konfigurationen von Generationsverhältnissen, die im Zuge sozialer Wandlungsprozesse ihre Selbstverständlichkeit verlieren (Honig/Lange/Leu 1999, S. 9). Das methodologische Problem besteht angesichts des sozialen Wandels in der Gegenstandsangemessenheit der Forschungsmethoden. Eine Methodologie der Bezogenheit kann nicht einer bloßen Methodenlehre folgen, sondern muss sich als historisch (und kulturell [Anm. d. A.]) situierte Forschungslogik gestalten (ebd. S. 20).

Die von den Autoren vorgeschlagene Methodologie der Bezogenheit[3] versteht sich als Gegenkonzept zu einer einseitig einfühlenden Kindheitsforschung, der es darum geht, Kindern ein Sprachrohr zu verschaffen. Sie richtet sich gegen die "Illusion, der Erwachsene und das Kind seien zwei getrennte Einheiten" (ebd. S. 21). Vielmehr sei die 'Perspektive des Kindes' zu verstehen als die reflektierte, intergenerationale, intersubjektive Wirklichkeit, als ein Moment des gesellschaftlich strukturierten Verhältnisses von Erwachsenen und Kindern. Perspektive wird folglich "von den aktiven, sich selbst organisierenden Kindern ebenso strukturiert wie von den durch Macht, Verantwortung [...] ausgestatteten Erwachsenen" (ebd. S. 21).

---

[3] 'Bezogenheit' wird von den Autoren verstanden als Hervorhebung der Orientierung, der sozialen Integration und der Prozesse der Regelkonstituierung in der sozialen Kinderwelt und der Selbstsozialisation von Kindern (ebd. 20).

In der doppelten Differenzerfahrung, die Erwachsene bei der Forschung mit Kindern machen, sehen van de Loo und Reinhard (1993) eine Herausforderung für die ethnologische Forschung im doppelten Sinne. Der ethnologische Blick muss sich bei der Forschung mit Kindern nicht nur einer fremden Sozialwelt, sondern auch einer "wieder zu erschließenden Lebenszeit" zuwenden (ebd. S. 8).

Kelle/Breidenstein (1999) sehen die Aufgabe von Ethnographen nicht in der Beschreibung der Reflexionen, die Kinder selbst über ihre Kultur und Lebensweise anstellen, sondern in der Analyse und Interpretation der Regeln, denen ihre Handlungspraxis folgt. Teilnehmerwissen ist im Sinne der Ethnomethodologie als der Praxis innewohnend zu verstehen. Dieses implizite, praktische Wissen überschneidet sich nicht unbedingt mit den expliziten Konzepten der Teilnehmer über ihre Kultur. Um kompetent agieren und sich aufeinander beziehen zu können, müssen Teilnehmer an sozialen Situationen ständig Interpretationen des sozialen Geschehens vornehmen. Das Anliegen kultursoziologischer Ansätze ist es, die lebensweltlichen Interpretationen zu rekonstruieren und nachzuvollziehen, wie sozialer Sinn hervorgebracht wird. Anstelle Kinder als Experten, als Informanten über ihre soziale Welt zu beforschen, sollten sie deshalb als Akteure in ihr untersucht werden, argumentieren die Autoren (Kelle/Breidenstein 1999, S. 102; Shantz 1983, S. 501).

Um die Lebenswelt und die Akteursrolle des Kindes zu erfassen, gilt es "[...] die Bereiche seiner Lebensweise zu studieren, die für das Kind selbst relevant sind. Hier wiederum [sind] insbesondere die produktiven Tätigkeiten des Kindes zu würdigen" (Lange 1999, S. 62-63). Es gehe darum, "das Kind als ein 'im Hier und Jetzt' lebendes Wesen zu akzeptieren", und um ein "Ernstnehmen des Kindes als Berichterstatter seiner aktuellen Erfahrungen[...], ohne unmittelbar und zwingend die Entwicklungsbedeutsamkeit dieser Erfahrungen für den weiteren Lebenslauf des Kindes zum Thema zu erheben (ebd. S. 63)."

Um ein Verständnis der subjektiven Lebenserfahrung von Kindern zu gewinnen und einen Zugang zu kindlichen Denk- und Verhaltensmustern zu bekommen, bieten sich qualitative Forschungsmethoden an, da die unstrukturierten Erhebungstechniken adäquaten Raum lassen für die notwendige Offenheit gegenüber den Sinn- und Regelsystemen der Kinder (vgl. Honig/Lange/Leu 1999). Wichtigste Forschungsmethode für die sozialwissenschaftliche Forschung mit Kindern ist demnach die teilnehmende Beobachtung der alltagskulturellen Praxis. Als interpretatives Instrument bietet sich die hermeneutisch orientierte Kulturanalyse an, bestehend aus dichter Beschreibung mit integrierter Deskription und Analyse (vgl. Geertz 1987).

Die gesellschaftspolitische Dimension der Kindheitsforschung

Als eines der Ziele der 'Forschung aus der Perspektive des Kindes' halten Honig/Lange/Leu die "Sichtbarmachung", die "geschärfte Aufmerksamkeit für die gesellschaftliche Positionierung von Kindern" fest (ebd. 1999, S. 11). Widersprüchliche Prozesse gesellschaftlicher Transformation verändern den als sozialstrukturellen, historisch variablen Ort verstandenen Bezugspunkt 'Kindheit', den Wirklichkeitsbezug der Akteure und das öffentliche Interesse an ihnen. Es gelte, die Folgen dieser Wandlungsprozesse hinsichtlich ihrer Auswirkungen auf Kinderleben und Kindheitswirklichkeiten hin zu untersuchen (Honig/Lange/Leu 1999, S. 11).

Die herausragende Bedeutung der Kindheitsforschung wird in den Sozialwissenschaften in ihrem Beitrag zu gesellschaftspolitischen Debatten gesehen (vgl. James/Prout 1990; Woodhead 1997; Honig/Lange/Leu 1999). Die Kritik am öffentlichen Diskurs lautet: "Child care proceedings [...] are supported to be taken 'in the best interest of the child', but the children concerned are frequently never consulted" (James/Prout 1990, S. 29).

Woodhead weist auf den konstruktivistischen Charakter kindlicher Bedürfnisse hin und auf die Macht, die Erwachsene durch ihre Definition auf das Leben von Kindern ausüben (Woodhead 1997). Als weitere Aufgabe der Sozialwissenschaften sehen Honig/Lange/Leu (1999) deshalb die "Dekonstruktion erwachsener Kindheitsbilder" in der eigenen Gesellschaft (ebd. S. 30), also die Sichtbarmachung der Entstehungsbedingungen solcher Konzepte und ihrer Funktionen hinsichtlich der Regulierung von Machtverhältnissen.

Gesellschaftspolitisch fordern Honig/Lange/Nissen (1996) die "konzeptuelle Emanzipation" von Kindern als ökonomisch, politisch und rechtlich eigenständige Bevölkerungsgruppe "aus ihrer Subsumierung unter die Familie" (ebd. S. 12) und eine Dekonstruktion generationaler Machtverhältnisse (ebd. S. 22). Die Kinderwelt dürfe nicht weiterhin als eine Kopie der umgebenden Kultur aufgefasst werden, sondern müsse als Repräsentation einer eigenen Anpassungsleistung an soziale Prozesse und soziokulturelle Begebenheiten anerkannt werden (ebd. S. 11).

'Straßenkinder'

Zur Verwendung des Begriffs im alltäglichen und im fachwissenschaftlichen Gebrauch

Der Begriff 'Straßenkind' ist ein mit Emotionen und Klischees überladener Terminus, dessen unreflektierter Gebrauch problematisch erscheint. Im westlich geprägten Bewusstsein ruft er Assoziationen hervor von dreckigen, hungrigen, verwilderten, unzivilisierten Kindern, die, ihrer Kindheit beraubt, zu einer sozialen Bedrohung werden und gesetzlos im öffentlichen Raum herumirren. Ihr Leben erscheint ohne Sinn und Regeln, ohne soziale Netze und Zukunftsperspektiven. Von diesen Annahmen wird oftmals direkt die Legitimation von Interventionsprogrammen abgeleitet, ohne dass der reale kulturelle und soziale Lebenskontext der betroffenen Kinder näher untersucht wird.

Der Erziehungswissenschaftler Manfred Liebel bezeichnet 'Straßenkind' als politisch missbrauchten Begriff, als ein "von spezifischen Interessen geleitetes professionspolitisches Schlagwort" (Liebel 2000, S. 128), welches dazu diene, bestimmte ideologisch vorgeprägte Zwecke zu erreichen. Straßenkinder würden als atypische Kinder gesehen, denen 'Kindheit fehlt'. Ihre Eigenschaften werden als defizitär beschrieben.

Regierungen neigen dazu, das Thema 'Entwicklungspolicen für Straßenkinder' zu meiden, lieber NGOs zu unterstützen oder das Phänomen komplett zu ignorieren. Jede Maßnahme, die zu einer Reduzierung des sichtbaren 'Problems' führt, wird als Erfolg gefeiert. Auch ein Großteil der Forschung über Straßenkinder geht von dieser negativen Sichtweise aus (Ennew 1994). Zumeist basieren die Herangehensweisen auf einem weitgehend unreflektierten eurozentristischen Begriff von 'Kindheit' und 'Straße'.

Optimale Kindheit wird im Westen, dem im 20. Jahrhundert populären Rousseau'schen Kindheitsideal zufolge, als eine Art goldene Lebensphase vor den Härten des Erwachsenendaseins definiert - frei von Arbeit und Verantwortung, von wirtschaftlichen und politischen Problemen und Sexualität (Ennew 1994). Dieses Idealbild hat sich jedoch aus dem europäischen Kontext heraus entwickelt und entspricht weder den weltweiten Realitäten, noch ist es ein universales Modell der Altersphase der ersten Lebensjahre.

Auch der Begriff 'Straße', wenn als Aufenthalts-, Lern- und Lebensort betrachtet, ist im deutschen Sprachgebrauch behaftet mit Assoziationen des gesellschaftlich Ungeordneten, des Nicht-Integrierten, des Unkontrollierten. Sprachbilder der Straße sind überbesetzt mit abwertenden Emotionen (Zinnecker 1997, S. 93). Das negative Bild vom Straßenraum entwickelte sich zeitgleich und parallel zu der seit 1900 einsetzenden europäischen restaurativen Großstadtkritik (ebd. S. 96).

Versuch der Differenzierung

In der internationalen Fachdiskussion bemüht man sich um eine differenziertere Definition des Begriffs.

In den frühen 1980er Jahren formulierte das *Inter-NGO Programme for Street Children and Street Youth*, den Schwerpunkt auf die subjektive Beziehung der Kinder zur Straße legend, folgende Definition:

> "Street children are those for whom the street (in the widest sense of the word[...]) more than their family has become their real home, a situation in which there is no protection, supervision or direction from responsible adults" (Ennew 2000, S. 14).

Die Festlegung, welcher Ort das 'eigentliche Zuhause' der Kinder ist und was 'Zuhause' im Einzelnen bedeutet, ist ein Resultat jeweiliger Interpretation. Zugrunde liegt das Kindheitsbild, das den adäquaten Ort von Kindheit in einem beschützenden Elternhaus sieht.

Mit dem Anliegen, den unscharfen Begriff 'Straßenkind' zu umgehen, brachte UNICEF in den 1980er Jahren die begriffliche Unterscheidung von 'Kinder auf der Straße' und 'Kinder der Straße' ein[4]. Mit 'Kindern auf der Straße' sind diejenigen gemeint, die sich tagsüber auf der Straße aufhalten und arbeiten, um für sich oder ihre Familie den Lebensunterhalt zu verdienen, die nachts jedoch auf mehr oder weniger regelmäßiger Basis bei ihren Eltern übernachten. Viele dieser Kinder gehen zur Schule. Sie machen weltweit den größten Teil - je nach Land zwischen 80% und 90% - aus. Nur eine geringe Zahl lässt sich nach diesem Schema als 'Kinder der Straße' klassifizieren. Für sie ist die Straße zum vorwiegenden Lebensort geworden, sie haben kaum oder gar keinen Kontakt zu ihren Eltern und schlafen auf der Straße oder an öffentlichen Plätzen (vgl. UNICEF 1997a, b).

In der Anwendung erscheint jedoch auch diese Unterscheidung ungenau. Die sozialen Realitäten bestehen vor allem aus den 'Grauzonen' zwischen solchen Kategorien, und die Strategien der betrachteten Akteure, mit ihrer Straßensituation und Beziehung zu leiblichen Verwandten umzugehen, sind vielfältig.

Weiter gefasst als der Begriff des 'Straßenkindes' ist die im mexikanischen Sprachgebrauch verbreitete Bezeichnung 'niñ@s en situatión de la calle' (dt: Kinder in Straßensituationen). Gemeint sind damit:

> "Kinder, die ihr Zuhause aufgrund von Gewalterfahrungen oder Missbrauch verlassen; Kinder, die unter schwierigen Familiensituationen leiden; Kinder, die nicht

---

[4] Die differenzierende Formulierung basierte auf Erfahrungen in Südamerika und lautete ursprünglich in Spanisch *"niñ@s en la calle"* und *"niñ@s de la calle"*, wobei das Symbol @ in der spanischen Schriftsprache sowohl für den weiblichen als auch den männlichen Genus des Begriffs - sowohl für den Buchstaben 'a' (weibl.) als auch für 'o' (männl.) - steht und verdeutlicht, dass es sich um Mädchen *und* Jungen handelt.

> adäquat von ihren Eltern versorgt werden (häufig Kinder von Müttern mit neuen Partnern); Kinder, die bereits auf der Straße geboren wurden; Waisenkinder, ausgesetzte Kinder; und Kinder, die nach 'Kindern auf der Straße' und 'Kindern der Straße' unterschieden werden" (IFEJANT 2003, S. 98; zit. nach Fiedler 2004, S. 12).

Die Definition der 'Kinder auf der Straße' folgt dem Vorbild der genannten UNICEF-Definition. Die Beschreibung der 'Kinder der Straße' greift mit der Formulierung, gemeint seien diejenigen, die "eine Wahlmöglichkeit im Leben [suchen,] mit dem Wunsch nach persönlicher Verwirklichung", die "auf die Straße gehen, um einen Lebensort zu suchen" (zit. nach Fiedler 2004, S. 12) einen meiner Meinung nach nicht zu unterschätzenden Aspekt auf.

Die aktive Entscheidung der Kinder und Jugendlichen, trotz alternativer Möglichkeiten den Straßenraum als ihren Lebensort zu bestimmen, weil sie von ihm fasziniert sind, weil er Möglichkeiten birgt und ihnen ein Zuhause darstellt, ist nach meinen Erfahrungen (an der Brücke von Maesai) ein wichtiger Definitionspunkt für die Beschreibung der 'Kinder der Straße'. Unter welchen Umständen diese Favorisierung der Straße als Lebensraum geschieht, und wie vielversprechend die 'Wahlmöglichkeiten' sind, muss im Einzelfall nachvollzogen werden. Die Erkenntnis, dass dem Straßenraum nicht ausschließlich schlechte Eigenschaften beigemessen werden können, und dass Kinder als Akteure ihre Biographie selbst bestimmen wollen, ist der gemeinhin angenommenen Opferrolle von Kindern und der negativen Sicht auf Straßensituationen entgegen gesetzt.

Auch macht die Bezeichnung 'Kinder in Straßensituationen' meines Erachtens nach in der Praxis Sinn, weil sie in ihrer Weitgefasstheit Spielraum lässt für situationsspezifisch vorzunehmende Differenzierungen.

Die 'Brückenkinder' von Maesai/Tachileik

Die im Folgenden vorgenommenen Klassifizierungen der Brückenkinder in verschiedene 'Typen' sind gedankliche Konstrukte. Sie sind Werkzeuge der Beschreibung einer empirischen Wirklichkeit, die unendlich vielfältig und in ständigem Veränderungsprozess begriffen ist. Die Praktiken der Kinder sind abhängig von Faktoren der individuellen Lebenskonstellationen der handelnden Personen - unter bestimmten Umständen verändern die Kinder ihre Verhaltensweisen, Individuen 'wechseln' von einer 'Kategorie' zur anderen und wieder zurück.

Die vorgenommene Unterscheidung lehnt sich an die Kategorien an, die auch als Gegenstand des Alltagsdiskurses auf der Brücke formuliert werden. Asan[5] differenziert zunächst drei Typen von Brückenkindern, wobei er später ein-

[5] Siehe Kapitel ‚Die Brückenkinder - Kinderportraits – Asan' zum Portrait von Asan

schränkt, dass sich die Charakteristika von zweien davon überlagern und sich nur eine klare Abgrenzung vornehmen lässt.

> "There are three types of *dek ree ron*[6]. Some children have parents who fight with one another. They leave home and become *dek ree ron*. They don't go back. This is the first type.
> Another type is - the children who are addicted to drugs, sniff glue, take amphetamines, don't listen to their father or mother. This is another type.
> One more type is kids whose parents force them to find money. The mothers say 'We have no rice now, go and find money.' The fathers say 'I want to use opium, I have no money, go and beg for money'. This is another type. There are these three types."
> [...]
> "I'm like two of the types. When I was young, because of my parents. When I grew up because of the drugs. Because of my parents and drugs. Both of them.
> But my father never said 'I don't have money, go and work and earn money for me'. He never told me to earn money. My mum never said go and earn money for me, she never said that. In my family no one ever said anything like that. [...] They didn't want me to stay in the street. Because it is not good."

Als einen der entscheidenden Unterschiede nennt Asan die Motivation der Kinder, auf die Brücke zu kommen - es kristallisiert sich die Rolle der Eltern heraus.

In dieser Arbeit wird die Unterscheidung vorgenommen zwischen *'Kindern auf der Brücke'* - solchen, die auf ausdrücklichen Wunsch der Eltern hin zur Brücke kommen, um dort zu arbeiten bzw. zu betteln - und *'Kindern der Brücke'* - jenen, die aus anderen Gründen heraus auf die Brücke kommen: ohne Aufforderung durch oder explizit gegen den Willen der Eltern.

Hinzu kommen weitere bedeutsame Unterscheidungsfaktoren: die subjektive Beziehung des Individuums zum Ort 'Brücke' bzw. Straße sowie der Grad der Distanzierung von der Familie und dem Elternhaus. Jeab, Sozialarbeiterin an der Brücke, erklärt die Qualität der Beziehung derjenigen Kinder, die sie 'Bridgekids' (Kinder der Brücke) nennt zu ihrem Lebensraum:

> "Bridgekids I call those children, that love the bridge more than any other place. Those for whom the bridge became their home, those who choose it to be their real home. That doesn't necessarily mean, that they never go back to their parent's house or stay in an organisation from time to time, which they use as an refuge in case of trouble. But it means that they prefer the bridge - or any streetsituation, for example in Chiangmai or Bangkok - to any other place they could choose; it means that their friends replaced their family that they will always try to come back to the bridge, no matter what. "

---

[6] Die thailändische Bezeichnung *'dek ree ron'* bedeutet *'herumstreunende', 'ziellos herumwandernde' Kinder, 'Kinder in Straßensituationen'* und wird meistens direkt mit 'Straßenkinder' übersetzt.

Diese Aussage erinnert an die eingangs zitierte Formulierung:

> "Street children are those for whom the street (in the widest sense of the word[...]) more than their family has become their real home, a situation in which there is no protection, supervision or direction from responsible adults" (Definition des *Inter-NGO Programme for Street Children and Street Youth*, zit. nach Ennew 2000, S. 14).

Jeab betont jedoch den wichtigen Unterschied der aktiven Rolle der Kinder im Loslösungsprozess von ihren Eltern, ihre Entscheidung, die Brücke/Straße als bevorzugten Lebensort zu definieren, und sie thematisiert die Rolle der Peers. Sie stellt die Brücke/Straße als einen Ort dar, der eine positive Bewertung erfahren kann; sie hebt nicht einzig ab auf die Bedeutung der Erwachsenen als verantwortliche Interaktionspartner, sondern gibt zu bedenken, dass die Charakteristik der Straßensituation vielfältiger sei, als dass sie durch die bloße Abwesenheit 'verantwortlicher Erwachsener' gekennzeichnet werden könne.

Es ist jedoch schwierig, objektive Kriterien für die Unterscheidung zwischen 'Kindern der Brücke' und 'Kindern auf der Brücke' festzulegen, wenn man die subjektive Beziehung der Kinder zum Ort als Entscheidungsmerkmal zugrunde legt. 'Love' ist an dieser Stelle kein klar definierbarer Begriff. Was sie dazu veranlasst, die Brücke als Zuhause zu 'lieben', ist zweierlei: erstens die von allen 'Kindern der Brücke' als höchst problematisch erlebte familiäre Situation, zweitens jedoch auch die - aus subjektiver Perspektive - als höchst positiv wahrgenommenen Eigenschaften des Ortes. Für die Akteure dominieren diese Eigenschaften des Ortes oder überlagern seine (für Außenstehende so heraus stechenden) defizitären Kennzeichen.

Jeab beschreibt noch eine weitere Qualitätsnuance der Beziehung zwischen Kindern und Brücke:

> "For the bridgekids the bridge is like a drug. They become addicted to it; they want it again and again; they will always come back to it, no matter what other choice they have."

'Liebe' und 'Sucht' - es sind konstruktive und destruktive Extreme einer emotionalen Bindungsqualität. Bezüglich der Brücke liegen sie eng beieinander, können nicht getrennt von Abhängigkeiten in Personenbeziehungen und von Drogenabhängigkeit gesehen werden. Nicht selten gestaltet sich die Beziehung zur Brücke als eine Art Hassliebe. Unter welchen Bedingungen sie sich entwickelt, soll im Weiteren untersucht werden.

Teil II

Die Forschung

Die Forschung und ihre Durchführung

Äußere Bedingungen und organisatorische Aspekte

Die Feldforschung, auf der die vorliegende Arbeit basiert, war in zwei Phasen - von Januar bis April 2005 und von Februar bis Mai 2006 - unterteilt. Die erste Forschungsphase diente der Orientierung im Feld, dem Aufbau des Kontakts und des Vertrauensverhältnisses zu den Akteuren und anderen Informanten und verantwortlichen Personen. Sie war eingebettet in die Volontärstätigkeit bei Baan Nana[1], einer lokalen thailändischen Organisation mit subjektorientiertem Ansatz, deren Zielgruppe vor allem die Brückenkinder sind. Die zweite Phase diente der Vertiefung der Feldstudie, der Auswahl und Befragung vier der Akteure sowie den Dreharbeiten zu einem dokumentarischen Film, der den im Kapitel „Die Brückenkinder" vorgestellten Jungen Asan portraitiert.

Die beiden Forschungszeiträume lagen in der gleichen Jahreszeit. Während dieser Monate findet der Übergang von der kalten zur heißen, trockenen Jahreszeit statt. Ende März, Anfang April beginnt die heißeste Zeit des Jahres, in der auch das thailändische und myanmarische Wasserfest gefeiert wird. Es beginnen die Schulferien in Thailand und damit die binnentouristische Hochsaison. Sie überschneidet sich teilweise mit der Hochsaison des internationalen Tourismus, was direkte Auswirkungen auf die äußeren Gegebenheiten der Brücke hat - ein Peak sowohl an Besucherzahlen als auch an Brückenkindern.

Über die angewandten Methoden und die Positionierung der Forscherperson

> "Über das Aktzeptiert-Werden ist viel Unsinn geschrieben worden, und zwar von Leuten, die es eigentlich besser wissen müssten. Manchmal wird der Eindruck erweckt, das andere Volk finde sich schließlich irgendwie bereit, den Besucher fremder Hautfarbe und Kultur als einen in jeder Hinsicht den Einheimischen vergleichbaren Menschen gelten zu lassen. Das ist leider äußerst unwahrscheinlich. Das Beste, was man erhoffen kann, ist, dass man als harmloser Irrer angesehen wird, der dem Dorf gewisse Vorteile bringt. Man ist Geldquelle und eröffnet Beschäftigungsmöglichkeiten." (Barley 1997, S. 71)

[1] 'Baan Nana' heißt 'bunt gemischtes Haus'; die engl. Bezeichnung ist 'Childlife'. Die Organisation wurde 1999 von Kru Ngaow, einem thailändischen Innenarchitekten, gegründet und steht unter seiner Leitung (vgl. auch meinen Forschungsbericht zur Entstehungsgeschichte und gegenwärtigen Struktur, sowie www.childlife-maesai.org).

Was Barley formuliert, findet auch seine Wahrheiten im Forschungskontext der Brücke - wenn auch leicht verschieden. 'Weiße' Ausländer sind an der Brücke ein zwar alltägliches Phänomen, nichtsdestoweniger werden sie als 'genuin fremd' wahrgenommen.

Mein Zugang zum Feld und die Entwicklung von Beziehungen mit den Kindern wurde durch meine Zusammenarbeit mit meiner Forschungspartnerin Matcha Pornin[2], genannt Jeab, ermöglicht, einer ehemaligen Sozialarbeiterin der Organisation Baan Nana. Ihre Kooperationsbereitschaft war für die Verwirklichung des Forschungsvorhabens unabdingbar. Sie unterstützte nicht nur während des gesamten Zeitraumes die Forschungsarbeit und fungierte als Ver- mittlerin und Sprachexpertin, sondern war zentrales Verbindungselement zwischen mir und den Kindern und ermöglichte die erreichte Intensität der Gespräche. Ihre Beziehung zu den meisten der Kinder war eine partnerschaftliche, kumpelhafte, die große gegenseitige Sympathien beinhaltete und aus der heraus sich Vertrauen entwickelte.

Jeab war jedoch, ebenso wie ich, zu Beginn der zweiten Forschungsphase fast ein ganzes Jahr lang nicht in Maesai gewesen, so dass wir den meisten Kindern nicht mehr - oder noch nicht - bekannt waren. Dank Jeabs kompetentem Umgang mit ihnen ließ sich innerhalb kurzer Zeit wieder Vertrauen zu einigen der Kinder und ihren Angehörigen aufbauen. Dieses Vertrauen übertrug sich in hohem Maße auch auf mich und Mike Daly, der als Kameramann bei den Dreharbeiten zu dem im zweiten Forschungsabschnitt entstandenen Dokumentarfilm mitarbeitete.

Jeab verkörperte an der Brücke auch die Pädagogik Baan Nanas. Sie wurde von den Kindern zwar als Partnerin und Freundin, immer jedoch auch als Erzieherin wahrgenommen sowie als Stellvertreterin der Pädagogik Baan Nanas samt des inhärenten Kindheits- bzw. Menschenbildes. Die Erwartungen, welche die Kinder daraus an sich gerichtet sahen, wirkten sich zusammen mit dem Bild, dass sie sich von meiner bzw. Mike Daly's Identität machten, prägend auf das Interaktionsverhältnis aus.

Ich wurde, ähnlich wie Mike Daly, von den Kindern wohl als Erwachsene und deshalb als Autorität, jedoch als offenkundig fremde Person wahrgenom-

---

[2] Jeab hat einen Bachelor in Mikrobiologie erworben, bevor sie anfing, sich in der ruralen Entwicklungsarbeit zu engagieren. Sie ist thailändischer Nationalität und hat ein starkes Interesse an sozialen und politischen Themen Thailands und der Nachbarländer. Sie arbeitete von November 2004 bis Oktober 2005 für Baan Nana. Seit dem Ende unserer gemeinsamen Feldforschung studiert sie an der Thammasat Universität Bangkok das Masterprogramm 'Community Development' und führt hierzu eine Forschung zu ähnlicher Thematik an der thailändisch-myanmarischen Grenze in Mae-Sot (West-Thailand) durch. In der zweiten Forschungsphase erhielt sie von mir für ihre Mitarbeit ein Gehalt, das dem Lohn ihrer derzeitigen Anstellung in einer buddhistischen Organisation entsprach.

men, die zwar in Zusammenhang mit Baan Nana stand - jedoch nicht in derselben Weise wie Jeab. Aufgrund meiner eingeschränkten Kommunikationskompetenz und meiner fremdländischen Herkunft war meine Handlungskompetenz nicht mit jener Jeabs zu vergleichen. Meine Erklärung, ich sei zu Studienzwecken anwesend, nahmen die Kinder hin - was dies im Einzelnen bedeuten mochte, interessierte sie jedoch nicht weiter. Sie akzeptierten meine Anwesenheit nach kurzer Zeit als normales Phänomen, und einige Mädchen begannen, persönliche Beziehungen zu mir zu entwickeln und mich in gemeinschaftliche Aktivitäten einzubinden. Die Jungen hingegen interessierten sich mehr für Mike Daly und dessen Arbeit mit der Kamera. Klar war für alle beteiligten Brückenakteure nach kurzer Zeit jedoch, dass wir - weder Lehrer noch Touristen - nicht in andere bestehende 'Farang'[3]-Kategorien einzuordnen waren. Wir wurden nicht um Geld gebeten, avancierten später jedoch zu Ansprechpartnern in Notlagen - allerdings nur, wenn Jeab gerade nicht zur Stelle war.

Mein Anliegen war es, ein freundschaftlich-partnerschaftliches Verhältnis zu den Kindern aufzubauen; die Beziehungen zu den einzelnen Individuen gestalteten sich jedoch als sehr unterschiedlich. Einige gingen ein engeres Verhältnis zu uns ein als andere. Dies hing einerseits mit den jeweiligen Persönlichkeiten und dem Interesse zusammen, das sie für uns aufbringen konnten, zusätzlich wirkten aber auch äußere Bedingungen mit. Die Bettelkinder auf der einen Seite waren meistens sehr beschäftigt und fanden kaum Muße, sich länger mit uns zu unterhalten. Manchen saß der Blick einer ungeduldigen Aufsichtsperson im Nacken. Sie waren nur zu Arbeitsstunden tagsüber anzutreffen, denn nach Brückenschluss gingen sie nach Hause - wohin wir ihnen nicht folgen konnten, weil die Bewegungsfreiheit für Menschen europäischen Aussehens in Myanmar stark eingeschränkt wird. Die Kinder der Brücke auf der anderen Seite standen, wenn wir sie trafen, oft unter Drogeneinwirkung. Die Rauschmittel benebelten sie und nahmen ihnen die Lust zu kommunizieren; sie verursachten ihnen außerdem ein schlechtes Gewissen, weil sie annahmen, dass wir, im Sinne Baan Nanas, ihren Rauschmittelkonsum negativ sanktionieren würden. Manche hegten darüber hinaus auch ein gesundes Misstrauen gegen uns, den ihnen zunächst unbekannten Personen, welche ein überdurchschnittliches Interesse an ihnen äußerten.

Im Kontext der Dreharbeiten ergab sich eine intensive Zusammenarbeit mit Asan[4]. Er befand sich über lange Zeiträume im Shelter (Kinderdorf) Baan Nanas, wo er zunächst zuverlässig anzutreffen war. Unter relativ stabilen äußeren Bedingungen konnten viele Stunden Gespräche auf Video augezeichnet werden,

---

3 Die thailändische Bezeichnung für Menschen westeuropäischer Physiognomie. Der Begriff leitet sich ab aus 'français', nach thailändischem Sprachverständnis 'farangsae' ausgesprochen. Die Franzosen zählten zu der ersten Westeuropäern in Festland-Südostasien.

4 Siehe Kapitel ‚Die Brückenkinder - Kinderportraits - Asan'

die Gesprächsituationen waren ruhig und in konstanter Personenkonstellation: Jeab und ich sprachen mit Asan, während Mike Daly im Hintergrund die Kamera bediente. Diese Bedingungen sind einer der Gründe dafür, dass die Asan betreffenden Daten die - im Vergleich zu anderen Gesprächspartnern - mit Abstand dichtesten sind.

Die teilnehmende Beobachtung[5], die als eine 'dialogische Teilnahme' (Freire[6]) gestaltet war - da ich mich als Forscherperson in der Rolle einer sich im Dialog befindlichen Teilnehmerin der Prozesse am Ort befand - war die wichtigste Methode der Forschungsdurchführung. Narrative und Leitfadeninterviews[7] sowie Befragungen von Experten, wie Akteure der NGOs, der Gemeindeverwaltung und in der Region tätigen Sozial- und Kulturwissenschaftlern, stellten wichtige Datenquellen dar. Die Informationen zu den einzelnen Themenkomplexen generierten sich damit aus verschiedensten Quellen und wurden über einen langen Zeitraum hinweg zusammengetragen.

Wege der Kommunikation

Nicht alle Akteure waren gleichermaßen auskunftsfreudig, was vielfältige Gründe hatte. Begrenzte Sprachkompetenz war einer davon. Neben ihrer Muttersprache (für die meisten: Akha) sind viele Kinder der Grundzüge anderer Sprachen an der Grenze (Bamar, Tai Yai, Nord-Thai, Zentralthai) zwar mächtig, ihre Kommunikationskompetenzen im Thailändischen sind jedoch in vielen Fällen stark limitiert. Thai war wiederum die Sprache, auf die wir in den Interviews aufgrund eigener Kompetenzdefizite zurückgreifen mussten. Jeab und ich kommunizierten auf Englisch und Thai. Lange aufgenommene Interviews übersetzten wir gemeinsam vom Thai ins Englische. Wegen des durch die vielen Übersetzungsschritte veränderten Authentizitätsgrades der Konnotation des Inhalts habe ich bei den längeren Interviewzitaten von einer weiteren Übersetzung ins Deutsche abgesehen.

Einige Kinder wurden von ihren Eltern angewiesen, keine Informationen über den Familienhintergrund preiszugeben. Aus diesem und aus Gründen, die mit dem Vertrauensverhältnis, mit der konkreten Gesprächssituation und mit den individuellen psychologischen Persönlichkeitsstrukturen der Befragten und Befragenden zusammenhingen, war es sinnvoll, den Wahrheitsgehalt einiger Aussagen durch mehrmaliges Fragen und plurale Quellen zu überprüfen. Geschichten wurden in verschiedenen Versionen erzählt oder frei erfunden. Verdrängung als Strategie des Umgangs mit traumatischen Erfahrungen, Tabus, Höflichkeit, Geltungsstreben, Phantasie und Erwartungen gegenüber den Ge-

[5] Vgl. Legewie 1995
[6] Vgl. Bendit/Heimbucher 1977, S. 50 ff.
[7] Vgl. Hopf 1995; Hermanns 1995.

sprächspartnerinnen sind Gründe dafür. Das Vermögen, von Erlebnissen, die mit Schmerz, Wut, Gewalt und Trauer, mit Schuldgefühlen und Versagensängsten belegt sind, zu berichten und darüber hinaus über eigenes Empfinden reflektieren zu können, ist von Person zu Person und je nach Situation verschieden. Hinzu kommt, dass die alltäglichen Kommunikationsweisen vieler Kinder keine ausgedehnten Narrationsmuster beinhalten. Selbstreflexive Momente sind selten im Alltag. Über Vergangenes, zumal schmerzhaftes, wurde nur vereinzelt in Ausführlichkeit gesprochen. Oft wurde auf schwierige Fragen einsilbig geantwortet.

Gespräche über sensible Themen erfordern einen geschützten Rahmen und ein enges Vertrauensverhältnis zwischen befragter und befragender Person. Dies ließ sich nicht jederzeit und in jedem Falle herstellen. Die Brücke ist ein geschäftiger Ort, permanent sind viele Menschen anwesend. Mütter wachen im Hintergrund, andere Kinder sind neugierig und fahren dazwischen. Einzelne Akteure für die Dauer eines Gesprächs von den anderen zu separieren, war nicht immer durchführbar - und in Gegenwart der anderen wurde nur in bestimmter Weise über bestimmte Themen gesprochen. So kommt es, dass von einigen Kindern längere Interviews aufgenommen und transkribiert werden konnten, von anderen nicht.

Die oben genannten Methoden wurden durch das visuell-kreative Medium des Bildermalens ergänzt. Zeichnungen von Kindern erzählten Geschichten, die verbal nicht kommuniziert wurden. Manche Kinder kommentierten ihre Bilder, andere ließen das Gemalte für sich sprechen[8].

Situations- und Gedächtnisprotokolle sowie Foto- und Filmaufnahmen unterstützten den Verstehensprozess dadurch, dass sich Situationen im Nachhinein unter inzwischen verändertem Gesamtverständnis neu interpretieren ließen und sich im Laufe der Zeit wie Puzzlestücke zu einem kohärenteren Bild fügten.

Trotz des Anliegens, Kinder als Akteure in ihrer Lebenswelt zu begreifen und ihre Handlungen und Strategien in diesem Zusammenhang zu analysieren, ohne sie dabei als Informanten *über* ihre Lebenswelt zu begreifen, ist es notwendig, ihre subjektive Sicht auf sich und die soziale Umwelt nachzuvollziehen, ihre Interpretationen ernst zu nehmen und ihnen in der Analyse Gewicht einzuräumen. Die Kinder, die in dieser Studie auftreten, werden sowohl als Figuren betrachtet, deren Handlungen in Beziehung zu ihrem Setting zu verstehen sind, gleichzeitig wird versucht, den Blickwinkel der Akteure selbst nachzuvollziehen, da sie als Experten für ihre Lebenswelt verstanden werden.

[8] Malen und Zeichnen war eine beliebte Beschäftigung bei den Brückenkindern; alle nahmen erfreut das Material und die Gelegenheit an, um ihr nachzugehen. Themen wurden nicht vorgegeben. Psychologische Interpretationsmodelle, wie sie zum Beispiel von Angelika-Martina Lebéus (2001) vorgestellt wurden, habe ich bei meiner eigenen Darstellung zwar gedanklich berücksichtigt, jedoch nicht eins zu eins umgesetzt, da in diesem Rahmen keine psychologische Interpretation der Kinderbilder vorgenommen werden soll.

Abbildung 7: Teilnehmende Beobachtung an der Brücke.

Abbildung 8: Kinder beim Zeichnen.

Abbildung 9: Dreharbeiten in Maesai.

Abbildung 10: Gemeinsames Beobachten des Brückengeschehens.

Teil III

Das Setting

Die Grenze

Der Begriff 'Grenze' suggeriert eine scharfe Trennungslinie zwischen zwei Seiten, ein Zusammenstoßen zweier unterschiedlicher Bereiche, Nationen, Kulturen. An der Grenze zwischen Thailand und Myanmar jedoch treffen nicht nur zwei Nationen und deren kulturelle, ökonomische und weltanschauliche Standards aufeinander, sie verläuft vielmehr in einem Gebiet, in dem verschiedene ethnische Gruppen leben, deren Siedlungsgebiete sich über die nationalstaatlichen Grenzen hinweg erstrecken. Den seit Jahrhunderten fortdauernden Wanderungsbewegungen ihrer Einwohner setzen die Staaten Konzepte von nationaler Identität entgegen. Von den verschiedenen gesellschaftlichen Gruppen im Grenzgebiet wird das dichotome Konzept - mit dem 'Wir' auf der einen, und dem 'Anderen' auf der anderen Seite - im Lebensalltag jedoch in unterschiedlicher Weise aufgenommen. Aus pragmatischen Gründen tritt die von der Staatsseite beabsichtigte trennende Funktion der Grenze in der Praxis und Wahrnehmung der Menschen teilweise in den Hintergrund; die sozialen und ökonomischen Netzwerke erstrecken über die Staatsgrenze hinweg. Die Grenze ist von Myanmar her gesehen auch Schwelle zum Wohlstand. Die Grenzübergänge sind - als Knotenpunkte, als Schleusen der Menschen- und Warenströme - urbane Zentren mit besonderem Charakter. Für die Struktur der beiden Grenzorte Maesai und Tachileik ist die Staatsgrenze von entscheidender Bedeutung, allerdings nicht in erster Linie als Territorialgrenze und Mobilitätsbeschränkung, sondern in ihrer verbindenden und anziehenden Wirkung. Denn aus den Unterschieden der politischen, juristischen, ökonomischen und sozialen Standards der angrenzenden Staaten entsteht ein einzigartiges wirtschaftliches und soziales Milieu, das viele Möglichkeiten, Chancen, Gelegenheiten und Nischen eröffnet. Dieser fruchtbare Charakter ist es, der den Grenzorten in den Augen einer Vielzahl von Migranten ihre Attraktivität verleiht, durch den in der Peripherie nationalstaatlicher Machtzentren dynamische Räume entstehen.

Thailand, Myanmar - Beziehungen, Begrenzungen

In vorkolonialer Zeit war die territoriale Ausdehnung der südostasiatischen Königreiche abhängig von Macht und Einfluss der jeweiligen Herrscher[1]. Die Anerkennung des Machthabers erfolgte in abgelegenen Gebieten durch Tributzahlungen. Die heutige politische Grenze zwischen Myanmar und Thailand ist ein Erbe der europäischen Kolonialpolitik in Südostasien.

---

[1] Vachara 2002

In der Geschichtsschreibung der die Nationen bildenden ethnischen Gruppen, der Thai und Bamar, wurde bis in die jüngere Vergangenheit hinein die Rivalität herausgestrichen[2], sie wurde in den politischen und populärkulturellen Diskursen beider Länder reproduziert und tradiert[3]. In den letzten Jahrzehnten wurden die politischen Beziehungen der beiden Nationen angesichts intensivierter wirtschaftlicher Beziehungen diplomatischer. Die myanmarische Regierung wird zwar als 'die Menschenrechte verachtendes Regime' durch die internationale Gemeinschaft mit Sanktionen und Boykotten belegt, der Staat ist jedoch Mitglied im asiatischen Wirtschaftsbündnis ASEAN[4]. Vor allem Thailand und China nutzen die ihnen überlassenen Spielräume für den Abbau myanmarischer Naturressourcen und dominieren den inländischen Markt. Nach wie vor existieren jedoch strenge Einfuhrbeschränkungen für Konsumartikel nach Myanmar, so dass der Schwarzmarkt und der illegale Grenzhandel blühen und eine wichtige Rolle für die nationale Ökonomie spielen[5].

Die Grenzregion und ihre Bewohner

An Nordthailand grenzt der größte der myanmarischen Unionsstaaten, der Shan-Staat, an. Nicht nur durch ihre ethnische Diversität, sondern auch wegen des schwindenden Einflusses der nationalen Identitätspolitik unterscheiden sich die Identitätsentwürfe der Lokalbevölkerung erheblich von dem, was das Regierungsprogramm vorsieht. Die Abneigung großer Teile der Shan-Staat-Bevölkerung gegen den myanmarischen Staat ist historisch bedingt (zum geschichtlichen Hintergrund des Shan-Staates siehe Anhang 1). Zwischen Thai und Shan (Tai Yai[6]) hingegen bestehen abstammungsgeschichtlich begründete

---

[2] Die thailändische Geschichtsschreibung hebt die siamesisch-burmesischen Kriege hervor; die Zerstörung der ehemaligen Reichshauptsstadt Ayutthaya 1767 wird als ein bis heute unverzeihliches Verbrechen gewertet. Als Symbol der genuinen Feindschaft zwischen den Nationen nimmt diese Zerstörung in der Konstruktion des Fremdbildes Myanmars im thailändisch nationalen Selbstverständnis einen zentralen Stellenwert ein. Grenzpolitisch bestehen aus myanmarischer Sicht immer noch Streitigkeiten um Gebiete in der Nähe von Maesai und Tachileik (Kyaw Htin Nawrahta 2002).

[3] Vgl. Mulder 1997, S. 46; Bangkok Post 12.05.2006; Kyaw Htin Nawrahta 2002.

[4] Die internationale Gemeinschaft der Vereinten Nationen hat aufgrund der Menschenrechtssituation im Land wirtschaftliche und entwicklungspolitische Sanktionen gegen Myanmar verhängt. Die asiatischen Staaten stellen dieser Politik die stark umstrittene 'policy of constructive engagement' entgegen, welche durch die Einbindung Myanmars in das Wirtschaftsbündnis ASEAN demokratisierende Veränderungen in Myanmar durch wirtschaftliche Annäherung zu erreichen sucht (vgl. Cummings 1999: 25).

[5] Forum der Konferenz "Constitution and Reconciliation", Friedrich-Ebert Stiftung, Berlin am 14.12.2005, die unter den Auflagen der Chatham House Rules stattfand, weshalb keine weiteren Angaben zum Urheber der Aussage gemacht werden können.

[6] Im südlichen Shanstaat gebräuchliche Eigenbezeichnung der international als 'Shan' bekannte Ethnie.

Gemeinsamkeiten, die eine entspanntere Beziehung zwischen ihnen ermöglichen[7].

Zu den zahlenmäßig stärksten ethnischen Gruppen im Umfeld der Grenzpassage Maesai/Tachileik zählen - neben den im Tiefland lebenden Mehrheiten Tai Yai und Bamar auf myanmarischer und Thai (Khon Muang) auf thailändischer Seite - die im Hochland siedelnden ethnischen Gruppen Wa, Palaung, Kachin, Lahu, Padaung, Han-Chinesen, Lahu, Lisu, Karen, Hmong und Akha. Das Siedlungsgebiet der so genannten Bergvölker dehnt sich schon seit Jahrhunderten über das heutige Ländervierеck China/Myanmar/Laos/Thailand aus und fand bei der Festlegung der politischen Grenzen keine Berücksichtigung. Politische und/oder ökonomische Gründe beding(t)en den langen Migrationsweg vieler dieser Gruppen - in der Regel von Norden nach Süden, von China und Tibet her über Myanmar nach Thailand (und Laos und Vietnam). In Thailand gelten die Lebensbedingungen für ethnische Minderheiten als vergleichsweise gut, außerdem endet hier das Gebirgsland, das Gebiet, das ihnen bisher als Siedlungsraum offen blieb. Die Dörfer der Gruppen befinden sich in der Regel in Nachbarschaft zu Dörfern anderer Gruppen; sie liegen weit verstreut über das gesamte Hochland im Grenzgebiet. Die Siedlungsgemeinschaften bleiben meist über Generationen hinweg in einer Region und gehen enge Beziehungen mit den anderen Gruppen ein, so dass für viele die regionale Verortung neben ethnischer Zugehörigkeit einen wichtigen Stellenwert hat.

In die Prozesse der Bildung von Nationen wurden die Bergbewohner nur marginal oder nicht miteinbezogen (zu den Hintergründen der thailändischen Entwicklung zur Nation siehe Anhang 2 und vgl. McCaskill 1997). Die meisten von ihnen sind bis heute staatenlos[8]. Durch die Besonderheiten ihrer Siedlungsweise jedoch verfügen sie heute über soziale Netzwerke, die sich über Staatsgrenzen hinweg gebildet haben und sich in mancher Hinsicht als soziales Kapital nutzbar machen lassen[9]. Seit je her - und in eingeschränktem Maße auch

---

[7] Beide sind im Tiefland siedelnde Tai-Völker; überwiegend Theravadabuddhisten. Von den Thai (Khon Muang) werden die Shan als 'kleine Brüder' bezeichnet - eine Adressierung, die die Shan selbst als herablassend empfinden. Ihnen wird im Falle der Migration die Integration in die thailändische Gesellschaft im Vergleich zu anderen ethnischen Gruppen relativ leicht gemacht.

[8] In Myanmar wird seitens der ländlichen Bevölkerung den Identitätspapieren aufgrund mangelnder Bildung keine Bedeutung beigemessen, außerdem kostet die Ausstellung Geld und muss in der entfernt gelegenen Hauptstadt des südlichen Shanstaates Kyiangtung beantragt werden. In Thailand wird den Migranten, aber auch vielen in Thailand Geborenen, wegen nicht erfolgter Geburtenregistration und aus politischen Gründen die Staatsbürgerschaft nicht zuerkannt (vgl. McCaskill 1997).

[9] In der Tradition der Akha z.B. entwickeln sich die weitläufigen Netzwerke aus den Siedlungsgewohnheiten heraus. Nach den Regeln des Akha-Zangr gibt es eine Obergrenze hinsichtlich der Größe von Dorfgemeinschaften. Wenn die Einwohnerzahl einer Siedlung auf mehr als ca. 200 ansteigt, teilt sich das Dorf. Der Standort des neuen Dorfes wird ohne Beachtung staatlicher Grenzen gewählt. Bei der Aufsplittung teilen sich die Großfamilien,

heute - überquerten sie selbstverständlich und auf alltäglicher Basis die zumeist grüne Staatsgrenze. Zwar werden unter bestimmten Bedingungen staatliche Reglementierungen intensiviert[10], doch bleibt das unwegsame Gebiet für Grenzeinheiten schwer kontrollierbar.

Sozioökonomie an der Grenze

Der Shan-Staat gehört zu den größten Drogenproduktionsstätten der Welt. Obwohl die Opiumproduktion infolge der internationalen 'Opium-Eradication'-Programme während der letzten zehn Jahre zurückgegangen ist[11], gilt Myanmar nach wie vor - nach Afghanistan - als zweitgrößter Opiumproduzent der Welt (Burma Nachrichten 5/2006). Neben dem Opiumgeschäft hat die Produktion und der Vertrieb von Heroin[12] in den letzten Jahren zwar starken Zuwachs erfahren[13], inzwischen dominieren jedoch Amphetaminderivate eindeutig den Drogenmarkt Festland-Südostasiens[14]. Offensichtlich unter weitgehender Duldung der myanmarischen Regierung[15] werden sie in großen Mengen im Shan-Staat produziert und in der Regel über die Grenze nach Thailand transportiert, um dem nationalen und internationalen Markt zugeführt zu werden. Die Kontrolle der Herstellung wird zurzeit offenbar durch Vertreter der ethnischen Gruppe der Wa dominiert[16], die mit Truppen der Shan und der Regierung um die Vormachtstellung ringen. Große Teile der lokalen Grenzbevölkerung sind in Handel und Transport tätig. Das Geschäft mit Rauschmitteln schafft die Existenzbasis für viele Menschen. Die Allgegenwart der Drogen birgt jedoch, da sie jederzeit auch konsumiert werden können, große soziale Risiken.

Die Wirtschaftsweise der Bevölkerung bestand bis vor wenigen Jahrzehnten ausschließlich aus selbstsubsistenter Landwirtschaft, dem Nass- oder Trockenreisanbau, teilweise mit integriertem Opiumanbau. Vor allem in rasch wachsen-

---

sodass die eine Hälfte im alten, die andere Hälfte im neuen Dorf wohnt. Die weitläufigen grenzüberschreitenden familiären Netzwerke erlangen besondere Bedeutung für die Rolle der Akha im Drogenhandel und -transport (Interview mit dem Ethnologen Stefan Wetzel im März 2005).

10 Zum Beispiel im Zuge des 'War on Drugs' 2003 oder durch die jüngste Verstärkung der 'Border Patrol Police'.

11 Drogenbericht des amerikanischen Außenministeriums von 2006 - zit. nach Bangkok Post (21.3.2006).

12 Heroin wird aus Rohopium hergestellt.

13 Bangkok Post (21.3.2006).

14 Der beispiellose Boom von Amphetaminderivaten wird mitbewirkt durch Trendveränderung des Konsumermarktes (vgl. Lyttleton 2004), durch nationale und internationale Anti-Opiumkampagnen sowie die kostengünstigen und einfachen Produktionsverfahren.

15 Die Regierung wird vielerseits bezichtigt, eine Komplizenrolle im Drogengeschäft einzunehmen (Palaung Women's Organisation 2006; Donkers /Nijhuis (Hrsg.) 1996).

16 Verlässliche Informationsressourcen zu dieser Thematik sind kaum zugänglich. Internationale Quellen und Berichte von Aktivistengruppen sind meist 'biased', zum Teil auch spekulativ; myanmarische Angaben werden durch die Regierung zensiert.

den urbanen Zentren in Grenznähe ist sie seitdem durch marktwirtschaftlich orientierte Wirtschaftszweige abgelöst worden.

Auf myanmarischer Seite ist Tachileik als Grenzübergang zu Thailand (zum politisch-ökonomischen Hintergrund siehe Anhang 3) eines der wichtigsten Wirtschaftszentren der Region und deshalb ein Ziel für Migration. Nach dem 1962 erfolgten Verbot der Einfuhr ausländischer Güter nach Myanmar durch die Regierung erblühte hier zum ersten Mal der Schwarzmarkt. Seitdem erfuhr der Ort durch den Ausbau der Infrastruktur und durch die Zunahme der Touristen- und Handelsströme einen stetigen Bedeutungszuwachs. Abgesehen vom Drogengeschäft sind die Produktion und der Verkauf raubkopierter CDs und DVDs, von Plagiaten internationaler Markenmodehersteller, von Zigaretten und Elektronik, sowie die illegale Einfuhr von Konsumgütern aus Thailand nach Myanmar die wichtigsten Einkommensquellen der Grenzbevölkerung. Absatzmärkte erschließen sich zum Teil direkt vor Ort, da die Nachfrage unter den Grenztouristen sehr hoch ist. Die tolerante bzw. laxe Haltung der myanmarischen Regierung gegenüber der Produktion und Vermarktung von profitablen, illegalen Waren wurde für die Menschen der Grenze ökonomisch nutzbar.

Im Februar 2002 kam es in Maesai/Tachileik wegen Konflikten in Zusammenhang mit dem Drogengeschäft zu militärischen Auseinandersetzungen zwischen myanmarischen, Shan- und thailändischen Truppen. Seitdem wurde wiederholt, zum Beispiel im September 2006 infolge des thailändischen Putsches, der Grenzübergang kurzzeitig geschlossen. Die ökonomischen Interessen der Nationen am Grenzverkehr verhindern längerfristige Grenzschließungen, auch wenn die politischen Uneinigkeiten nicht beigelegt werden konnten.

Der Grenzübergang - die Orte Tachileik und Maesai

Die historischen, politischen und ökonomischen Entwicklungen in der Grenzregion haben gesellschaftliche Auswirkungen, die als 'social suffering[17]' zusammengefasst werden können. Langanhaltende Bürgerkriegszustände, Flucht, Vertreibung, ökonomische Not, gesellschaftliche Umwälzungsprozesse im Kontext von 'Modernisierung' und 'Globalisierung' wirken als kollektiv traumatisierende Prozesse, die zusammen mit anderen Faktoren unter anderem eine hohe Rate der Drogenabhängigkeit zur Folge haben. Als 'Zwischenraum' zwischen den durch Staatskörper definierten nationalen Standards bildet der Grenzort jedoch einen potential- und chancenreichen, dynamischen gesellschaftlichen Raum - sowohl ökonomisch als auch im Blick auf Synthetisierungen und Neuformulierungen von Lebensstilen und Identitätsentwürfen.

Aufgrund der politisch-sozialen Situation in Myanmar[18] und infolge der während der letzten Jahrzehnte durchgeführten Entwicklungsprogramme[19], im Zuge

---

[17] Der Begriff des 'social suffering' wurde in der sozialwissenschaftlichen Diskussion eingeführt, um kollektive soziale Erfahrungen zu bezeichnen, welche durch massive Zerstörungen durch übermächtige soziale Gewalten geprägt sind und in ihren Antworten auf die sozialen Probleme neue leidvolle gesellschaftliche Zusammenhänge produzieren. Ausgelöst wird das 'social suffering' durch - auf ökonomischen, politischen und institutionellen Ebenen angesiedelte - Gewalterfahrungen und findet seine Wirkung in sozialen, psychischen und gesundheitlichen Dimensionen. Kennzeichnend ist dabei die Verwobenheit und Gleichzeitigkeit verschiedener Felder sozialer Zerstörungsprozesse - zum Beispiel eine Überlagerung politischer und ökonomischer Gewalt als Bedingung für die Verbreitung von Armut, welche wiederum Auslöser für flächendeckende gesundheitliche Probleme ist und im Zusammenspiel mit der Auflösung religiöser und anderer moralischer Instanzen bodenbereitend wirkt für die Verbreitung von Kriminalität, Gewalt, Missbrauch, Depression und Sucht. Die wiederum führen zu sozialen Konstellationen, die psychisches und physisches Leiden verursachen.
In Kriegszusammenhängen potenzieren sich kollektiv traumatische Erfahrungen, wirken über Generationen hinweg fort, verstärken sich gegenseitig und eröffnen immer neue Dimensionen von Leid. Leid, 'suffering', bezeichet zwar zunächst eine personenbezogene Erfahrungsdimension, ist aber in den gemeinten Zusammenhängen in seiner Ursache und Wirkung von seinem direkten Bezug zu sozialen Wirklichkeitsdimensionen gekennzeichnet, so dass es als soziale Erfahrung betrachtet werden muss (vgl. Kleinmann /Das /Loch (Hrsg.) 1997). Für das Grenzgebiet Festland-Südostasiens ist 'social suffering' unter Anderem auch von Lyttleton (2004) thematisiert worden.

[18] Von Bedeutung sind hier die anhaltenden bewaffneten Konflikte im Shanstaat zwischen Regierungstruppen und Minderheiten, zwischen Wa und Shan; die Umsiedlungen von Wa-Bevölkerung vom Nordwesten in den Südosten des Shanstaats (vgl. Lahu National Development Organisation 2002, S. 29); nationale und internationale Opium-Bekämpfungsprogramme (vgl.: Hein 2004; Cohen/Lyttleton 2004); Umweltschutzmaßnahmen wie das Verbot des Brandrodungsfeldbaus; politische Repression in China und Myanmar; starker Anpassungsdruck auf ethnische Gruppen der 'Bergvölker' in Thailand, soziale Abwertung; anti-muslimische Ressentiments der Mehrheitsbevölkerungen beiderseits der Grenze.

umfassender sozioökonomischen Transformationsprozesse - Urbanisierung und 'Modernisierung' in ganz Südostasien (vgl. Bechsstedt/Legsomboon 2004) - hat die Landflucht im Shan-Staat und in anderen Teilen Myanmars ein nie gekanntes Ausmaß erreicht. Der wirtschaftliche Aufschwung Thailands steht in starkem Gegensatz zu den dortigen Entwicklungen - Ziel vieler Menschen aus Myanmar ist deshalb zunächst die Staatsgrenze zum Nachbarland. Die Zahl der Migranten in der Grenzregion wird auf einige Millionen geschätzt. Unter ihnen sind überproportional viele Frauen und Kinder. Viele Jugendliche und Kinder migrieren alleine[20] (vgl. Caouette 2001: ix). Da die Mehrheit der Anwohner der Grenzstädte nicht offiziell registriert ist, sind die Angaben über Einwohnerzahl und Bevölkerungsstruktur ungenau[21]. Die gesellschaftlichen Umbrüche, Bürgerkriegsrealitäten, Flucht und Migration haben einschneidende Veränderungen der sozialen Strukturen mit sich gebracht. Zusammen mit der Allgegenwart und preisgünstigen Verfügbarkeit von Drogen in der Region hat dies zu einer der höchsten Raten der Drogenabhängigkeit in Myanmar geführt.

Die Optionen, die sich durch die ökonomische Prosperität in den Grenzorten erschließen, sind es, die die Menschen in großen Zahlen nach Maesai und Tachileik locken. Einigen von ihnen gelang es zwar, Lebensgrundlagen zu schaffen, weite Teile der Bevölkerung leben jedoch in zum Teil extremer Armut. Drogenabhängigkeit gehört zu den Normalitäten des Grenzortes. Der Hauptumschlagplatz für Rauschmittel wie Amphetamine, Heroin und Opium und das Zuhause

---

[19] Die staatlichen Fördermaßnahmen von Handel, Tourismus und Infrastruktur beinhalteten den Ausbau von Transport- und Kommunikationssystemen im myanmarischen Grenzgebiet. Zwar wird kritisiert, die staatlichen Entwicklungsprogramme dienten vor allem der militärischen Kontrolle und den Interessen des Drogengeschäfts (z.B. Lambrecht 2004), doch eröffnen sie auch neue Möglichkeiten bezüglich Mobilität, Handel und Arbeit für die Bevölkerung. Die Straße, die von Bangkok über Chiangmai und Chiangrai nach Maesai führt, setzt sich in Myanmar bis zur chinesischen Grenze fort. Diese Verbindung wurde 2004 durch Wa-Investoren in eine gut befahrbare Asphaltstraße umgewandelt, der Handel zwischen Thailand, Myanmar und China weiter geebnet.

[20] In Betrieben des informellen Sektors in Thailand finden viele Kinder aus den Nachbarländern Anstellung. Das UN-Abkommen für Kinderrechte wurde zwar von Thailand unterzeichnet, für ausländische Kinder aber nicht konsequent befolgt. Regierung und Arbeitgeber negieren das Faktum der verbreiteten Kinderarbeit weitgehend. Daneben finden Kinder in allen myanmarischen Militärgruppen Beschäftigung als Kindersoldaten. Die Zahl der Kindersoldaten in Myanmar wird auf 4000-6000 geschätzt - eine Tätigkeit, die relative soziale Absicherung bietet und hohes Ansehen genießt (vgl. Caouette 2001, S. 15).

[21] Die Einwohnerzahl Maesais wird mit 76.673 (Jahr 2000) angegeben, wobei alle kleineren Orte im Umkreis von 285 Quadratkilometern mitgezählt werden. Angaben der Stadtverwaltung Maesais zufolge sind aber nur etwa die Hälfte der Einwohner offiziell registriert.

Der Anstieg der Bevölkerungszahl von Tachileik wird in einer Studie über die Umsiedlungskampagnen der Wa angegeben mit 10.000 Einwohnern im Jahr 1992 auf mehr als 100.000 im Jahr 2002 (The Lahu National Development Organisation 2002).

zahlreicher verarmter Abhängiger ist der Friedhof Tachileiks im nördlichen Teil des Ortes.

In ihrer geographischen Lage fernab nationalstaatlicher Zentren werden in den Grenzorten Lebensstile und ökonomische Aktivitäten toleriert, die in Orten im Inneren der Nationen nicht geduldet werden[22]. Im Bewusstsein der Grenzbewohner bilden die Orte Tachileik und Maesai eine Einheit, die Grenze ist nur eine ihrer vielfältigen Strukturen. Viele Anrainer wohnen auf der einen und arbeiten auf der anderen Seite. Diejenigen, die über eine ID-Card verfügen[23], können mit einem speziellen Ausweis tagsüber den Grenzübergang passieren und sich ohne Visum bis zu einer Woche lang im Nachbarort aufhalten[24]. Anwohner ohne Dokumente überqueren den seichten Fluss. Solange für die Kontrollbeamten klar ist, dass sie nur ihren täglichen Geschäften nachgehen und später zurückkehren, wird dies geduldet.

Daneben ist der Grenzübergang Ziel sowohl thailändischer als auch internationaler Touristen. Täglich überqueren geschätzte 3000 bis 4000 (Tages-) Touristen die Brücke[25]. Ziel ist der Grenzübergang selbst. Obwohl das inzwischen möglich ist, setzt kaum jemand seinen Weg ins Innere des Shan-Staates fort. Der Binnentourismus hat mit der thailändischen Förderung dieses Zweiges in den letzten Jahren einen rasanten Aufschwung erlebt. Vor allem an Wochenenden und in Ferienzeiten kommen viele Städter nach Maesai. Attraktiv für sie ist das gemäßigte Klima der Region sowie das 'Abenteuer', ihr Heimatland für einige Stunden zu verlassen und zu Fuß in das als gesetzlos und gefährlich geltende Ausland Myanmar zu gehen[26]. In den brückennahen Märkten kaufen sie Lebensmittel, Elektronik, Raubkopien und Markenplagiate. Die Region hat viele chinesisch-buddhistische Wallfahrtsorte, was große Gruppen von Sino-Thais an den Ort zieht. Für internationale Thailand-Touristen ist der Grenzübertritt deshalb attraktiv, weil das Visum für Thailand durch den Grenzübertritt unkompliziert verlängert werden kann[27]. Daneben haftet der Region das Image des 'Goldenen Dreiecks' an, das sich weltweit durch Massenmedien verbreitet hat. Die

---

[22] In Maesai ist es z.B. möglich, längerfristig ohne Staatsangehörigkeit zu leben und gleichzeitig Geschäftsinhaber zu sein; das Geschäft mit in Thailand verbotenen Plagiaten wird toleriert; im Grenzort hat sich eine große Gemeinschaft von Muslimen gebildet, die in beiden Ländern unter anti-muslimischen Ressentiments der Mehrheitsgesellschaft leiden.

[23] Viele, die das Recht auf eine ID-Card haben, besitzen trotzdem keine. Die Bearbeitungsgebühren und Fahrtkosten in die Provinzhauptsstadt Kyiangtung stellen für viele ein Hindernis dar, ihr wird außerdem wenig Bedeutung beigemessen.

[24] Sie dürfen sich außerhalb der Orte jedoch nur in einem Umkreis von ca. sieben Kilometern bewegen.

[25] Cummings 1999, S. 636.

[26] Ausschnitt aus einem Gespräch mit Jeab am 03.05.06.

[27] Mit einem an der Grenze erhältlichen Tagesvisum kann Tachileik besucht werden. Die Weiterreise ist jedoch anderweitig reglementiert. Bei der Rückkehr nach Thailand wird automatisch ein neues 30-Tage Visum ausgestellt.

Region wird darin portraitiert als berüchtigte Drogenhölle, als Zuhause der 'primitiven Bergstämme', als abenteuerliche Grenzregion zu den 'gesetzlosen' Ländern Myanmar und Laos.

Die Touristen tragen, wie alle anderen Akteure der Grenze, ihr kulturelles Gepäck und die durch sie repräsentierten Werteuniversen mit in die Szene hinein und schaffen an dem Ort, fernab der Metropolen, ein kosmopolitisches Flair. Die Kinder registrieren sie als selbstverständliche Phänomene ihrer Lebenswelt und integrieren die Symbolwelten in den Verhandlungsprozess ihrer Identitäten.

Die Staatsgrenze ist die prägende Struktur des Ortes und nimmt in der Wahrnehmung der lokalen Bevölkerung einen zentralen Stellenwert ein. Diese subjektiv beigemessene Bedeutung der Grenze ist jedoch eine andere als jene, die das Konzept einer nationalen Grenze intendiert. Nicht in ihrem Barrierencharakter, sondern als anziehend werden die Grenzstädte wahrgenommen, als ein vernetztes, ineinanderfließendes urbanes Zentrum.

Der unmittelbare Ort des Geschehens

Das etwa 80 m lange Stück Straße über den schmalen Fluss Saai, eine Betonbrücke, bildet den Grenzübergang zwischen Maesai und Tachileik, zwischen Thailand und Myanmar. Sie ist Schauplatz für ganz unterschiedliche Akteure. Für den Großteil der 'Grenzgänger' erfüllt sie jedoch ihren unmittelbaren Zweck: als Durchgangsort, als ein Stück Weg, an dem man sich nicht weiter aufhält. Für die meisten ist sie Passage zwischen Hier und Dort.

Dass die Brücke zwei unterschiedliche politische Systeme miteinander verbindet, merkt der Besucher schon daran, dass er zwischen Ausreisebehörde und Einreisebehörde die Straßenseite wechseln muss, da drüben auf der anderen Seite gefahren wird. Ansonsten wird hier um Formalitäten vergleichsweise wenig Aufhebens gemacht.

Neben den Passanten verweilen jedoch andere Personen länger auf der Brücke, Menschen, die Handel treiben zum Beispiel - je nach Tageszeit mit unterschiedlichen Gütern; die meisten werden von Thailand nach Myanmar verkauft, manche Warenarten auch in die andere Richtung. Morgens, wenn die Brücke öffnet, beginnt eine kurze Phase, in der praktisch alles erlaubt zu sein scheint. Die Kontrollkräfte drücken, einem stillen Abkommen folgend, (fast immer) beide Augen zu, so dass während der halben Stunde zwischen 6 Uhr und 6.30 Uhr Produkte gehandelt werden können, die tagsüber strengen Einfuhrbeschränkungen unterliegen. Schon lange vor Öffnung der Tore stehen deshalb die Menschen an beiden Enden der Brücke Schlange, um, sobald aufgeschlossen wird, loszurennen und in der kurzen Zeitspanne so viele Kisten und Körbe wie möglich herüber zu schaffen. In Windeseile wechseln stapelweise Instant-Nudeln, T-Shirts und Coca-Colabüchsen die Besitzer.

Danach geht es ruhiger zu. Die Arbeiter und Tagelöhner kommen von Tachileik herüber, mit hoch aufgetürmten Essensbehältern und Thermosflaschen an der Hand, viele auf Fahrrädern. Regierungsrepräsentanten, Immigrationsbeamte und Militärbedienstete kontrollieren, patrouillieren, die einen grün, die anderen braun, blau oder schwarz uniformiert, die einen diesseits, die anderen jenseits der Grenze. Maschinenpistolen tragen sie auf beiden Seiten. Nur Vertreter einer Spezialeinheit der Grenzpolizei überschreiten gelegentlich die Mitte der Brücke. Wenn dies geschieht, stieben die Geschäftigen der Brücke in alle Richtungen davon.

Die Bettelkinder kommen selten vor zehn, meistens gegen halb elf, zur selben Zeit wie die Touristen. Die Vormittage sind geschäftig, viele Ausflügler besuchen den Markt in Tachileik, der für seine Raubkopien, Plagiate und magischen Amulette berühmt ist, und kommen kurze Zeit später wieder zurück. Wenn es um die Mittagsstunden richtig heiß wird und sich die Brücke von Menschen leert, ziehen sich auch die Kinder und Mütter in den schmalen Schattenstreifen am Geländer zurück, wo Gruppen junger Männer herumsitzen, sich unterhalten und Betel kauen. Der Zaun trennt hier die Brücke von einer Aussichtsplattform, auf welcher ein Torbogen in goldenen Lettern und mangelhafter Grammatik 'The Northern most of Thailand' markiert.

Von der Plattform aus kann man die Brücke gut überblicken und - wenn man genau hinsieht - die Wege der 'kleinen Päckchen' verfolgen. Unterwegs gehen sie durch viele Hände, auch Kinderhände. Im Schatten des Tores oder oben im Restaurant, von wo aus man ebenfalls einen guten Überblick hat, sitzen alle paar Tage Zweier- oder Dreiergruppen kräftiger Thaimänner, manchmal mit Videokamera. Sie stürmen dann unvermittelt zum Ausgang der thailändischen Grenzkontrolle, um die Auftraggeber des Schmuggels, die wartenden Abnehmer, zu verhaften. Die Drogen, in der Regel Amphetamine oder Heroin, sagt man im Ort hinter vorgehaltener Hand, würden die Beamten dann selbst konsumieren oder weiterverkaufen.

Die Polizisten sind nicht die einzigen Männer, die das Geschehen an der Brücke aufmerksam verfolgen. Auch zwei Japaner, die schon seit vielen Jahren im Ort leben, kein Thai und kaum Englisch sprechen, kommen täglich nacheinander und lösen sich gegenseitig auf ihrem Posten ab. Ihr Tun erscheint rätselhaft. Sie photographieren die Kinder - bevorzugt dann, wenn sie im Abendlicht unbekleidet im seichten Fluss baden. Manchmal treffen sie sich mit amerikanischen Männern. Ich bringe es nicht fertig, sie nach ihren Motiven zu fragen. Jedes Mal wenn ich komme, sind sie 'zufällig' grade im Gehen begriffen, meine Forschungsassistentin Jeab droht, den Job zu kündigen, würde ich sie in Gefahr bringen. Sie trägt eine große Sonnenbrille, Mütze und Jacke, um nicht wiedererkannt zu werden. Sie weigert sich, jeden Tag mit hierher zu kommen. Kinderhändler seien die Männer, glaubt sie. Sie würden uns umlegen, kämen wir ihnen ins Gehege. Einiges lässt dies wahrscheinlich erscheinen, anderes spricht dagegen.

Jedes Jahr kurz vor Beginn der Sommerferien kommt ein langbärtiger Amerikaner nach Maesai, der sich 'the Father' nennt, und, wie er sagt, mehr als siebzig Kinder in Thailand und Myanmar 'spirituell adoptiert' hat. Er käme, um die Brückenkinder zu besuchen und sich ihrer 'ungeliebten Seelen' anzunehmen. Er spielt mit ihnen, filmt und photographiert sie und schenkt ihnen die Fotos vom Vorjahr. Sein Lieblingskind hier, erzählt er, sei Amina, 'ein ganz besonders liebesbedürftiges Kind'. Er freut sich, weil sie ihn wieder erkennt und auf seine Zuneigung dankbar reagiert[28].

Wenn das Licht farbiger wird und die Sonne nicht mehr brennt, werden die Menschen auf der Brücke vergnügter. Es wird gebadet und getratscht, unterm Tor wird Tokrae[29] gespielt und geangelt. Inzwischen sind die Brückenjungen beschwipst vom Klebstoff, den sie mittags heimlich zusammen unter der Brücke, jetzt im Rausch aber ungeniert aus Plastiktüten schnüffeln. Die Bettelkinder und ihre Mütter finden sich zur Tagesabrechnung und manche zum abendlichen Picknick zusammen. Vor Einbruch der Dunkelheit gehen die meisten nach Hause, solange der lange Heimweg noch sicher erscheint. Kurz bevor die Grenze geschlossen wird, rennen Menschen wieder, diesmal mit leeren Thermosflaschen, zurück auf die myanmarische Seite. Familien auf Fahrrädern werden noch durchgewunken, dann schließen die eisernen Tore für die Nacht, Dunkelheit breitet sich über den Markt aus, Soldaten beziehen Stellung an der Brücke. Auf thailändischer Seite versuchen Brückenjungen vor dem Minisupermarkt Seven Eleven den Einheimischen bei ihrem Abendeinkauf ein paar Münzen zu entlocken; Akhamütter mit kleinen Kindern durchstreifen die Straßenrestaurants, bitten die späten Gäste mit herzerweichenden Mienen um Geld. Naturalien nehmen sie nicht. Jede Frau hat ihren 'Bezirk', die Stadt ist aufgeteilt. Spät nachts machen sie sich auf den Heimweg - die Brücke brauchen sie nicht zur Überquerung des Flusses. Oder sie legen sich zwischen den Marktständen ein paar Stunden zur Ruhe, bevor noch vor Sonnenaufgang mit der Almosenrunde der buddhistischen Mönche der neue Tag anbricht.

Die Staaten mit ihren Gesetzen und Kontrollinstanzen, so der Eindruck, beginnen erst viele Kilometer jenseits des Grenzflusses, irgendwo auf den Wegen nach Chiangrai bzw. Kyaington. Die Grenzorte erscheinen als Räume, in denen andere Regeln gelten als im jeweiligen Landesinneren. Insbesondere die Brücke ist ein gesellschaftlicher 'Grenzraum'[30], eine ausgedünnte Zone zwischen den

---

28 Vgl. Kapitel ‚Die Brückenkinder - Kinderportraits – Amina'

29 Tokrae ist ein südostasiatisches Ballspiel, bei dem ein aus Korb gefertigter Ball nur mit Hilfe der Füße in der Luft gehalten werden muss.

30 Zur Bedeutung des Straßenraums als gesellschaftlichem Grenzraum vgl. Zinnecker 1997, S. 109.

Einflusssphären national- und zivilgesellschaftlicher Kräfte. Einerseits ist sie ein zwar öffentlicher, jedoch streng zugangsbeschränkter Raum[31], andererseits gelten die Beschränkungen nur für bestimmte Personengruppen - für die Brückenkinder ist es ein Einfaches, sich über die Regulierungen hinwegzusetzen und sich den Raum anzueignen, umzugestalten und in Auseinandersetzung mit anderen Akteuren eigene Strukturen und Regeln zu schaffen.

Mit den Repräsentanten verschiedener gesellschaftlicher Gruppen sind auf der Brücke unterschiedliche Lebensstile vertreten - es treffen sehr unterschiedliche kulturelle Wert- und Normsysteme aufeinander. Für die aufwachsenden Kinder jedoch gehören die verschiedenen Repräsentanten der (Teil-)Kulturen zu den als natürlich und normal erlebten Phänomenen ihres Lebens- und Lernortes. Im Prozess der Anverwandlung dieser Welt beziehen sie Elemente der verschiedenen Symbolsysteme ein.

[31] Straßenraum ist in vielen Teilen Südostasiens, anders als in vielen westlichen Industrienationen, selbstverständlicher Lebens- und Arbeitsraum für eine Vielzahl von Gruppen. Private und öffentliche bzw. halböffentliche Sphären vor allem bei Vertretern ärmerer sozialer Milieus werden nicht strikt getrennt. Der informelle Wirtschaftsektor ist groß, Geschäfte nutzen die Straße als Handelsort.

Der soziokulturelle Hintergrund der Akha

Da die große Mehrheit der in dieser Arbeit untersuchten Brückenkinder Kinder der Akha sind, soll die Situation der Akha im Folgenden beispielhaft, nicht repräsentativ, für die Lebenssituationen der Grenzbevölkerung dargestellt werden.

Die Akhakinder der Brücke betteln in der Regel Passanten an. Die Fragen, denen hier nachgegangen werden soll, sind: Wie kommt es zu ihren aktuellen Lebensbedingungen und Lebensformen? Warum sind es ausgerechnet Akhafamilien, die das Betteln professionalisiert haben? Welche Rolle übernehmen die Brückenkinder innerhalb der Gemeinschafts- und Familienstrukturen? Unterschiede zwischen Akha- und Brückenkindern anderer soziokultureller Herkunft werden im Verlauf angesprochen und anhand des Portraits von Asan im fünften Teil der Arbeit ausgeführt[1]

Von den Herausforderungen der Welt

Kulturhistorische Daten

Die ethnische Gruppe der Akha, die zum tibeto-burmanischer Zweig der sino-tibetischen Sprachfamilie zählt, befindet sich in einem seit Jahrhunderten andauernden Migrationsprozess in Richtung Süden. Ursprünglich von Tibet her stammend, erweiterten sie ihr Siedlungsgebiet im Laufe der letzten zwei bis drei Jahrhunderte über Südchina und Myanmar bis nach Thailand. Die anhaltenden Erfahrungen von Unterdrückung und Vertreibung durch die jeweilige Mehrheitsbevölkerung haben ihre Lebensweise in vielerlei Hinsicht geprägt und mit dazu geführt, dass die (bis vor wenigen Jahrzehnten noch dünn besiedelten) Hochlandregionen im Ländervierecк Südchina/Laos/Myanmar/Thailand ihr Siedlungsraum geworden sind. In China werden sie unter dem Namen 'Hani', in Myanmar unter dem Namen 'Akha' als offizielle Volksgruppe geführt, in Thailand unter die Kategorie der *chao khao*, der 'Hilltribes' oder 'Bergstämme' gefasst, zu der noch andere ethnische Minderheiten gezählt werden. Die Dörfer der Akha liegen verstreut zwischen denen anderer Gruppen in Gebieten bis zu 800 Höhenmetern. Auf ihrem Migrationsweg erreichten sie das Gebiet der heutigen Grenze zwischen Myanmar und Thailand ungefähr zur Zeit der Wende zum 20. Jahrhundert (Alting von Geusau 1983, S. 246). In Thailand, stellt Jim Goodman,

[1] In Kapitel ‚Die Brückenkinder – Kinderportraits – Asan' wird mit Asan ein Akteur vorgestellt, der nicht vor dem selben Hintergrund wie die Akhakinder agiert. Seine Familienmitglieder migrierten aus dem and Bangladesh angrenzenden Unionsstaat Rakhein her und sind muslimischen Glaubens.

Autor vieler populärwissenschaftlicher Werke über die Akha, fest, ist ihr 'langer Weg nach Süden' zu einem Endpunkt gekommen: Weil die Berge in dicht besiedelte Talflächen übergehen; weil Thailand von all den durchwanderten Ländern als das toleranteste gilt; und weil sich die bisherigen soziokulturellen Strukturen der Akha nun, in Prozessen von Urbanisierung und Assimilation, zunehmend auflösen (Goodman 1996 und 1997).

In ihrer ethnischen Identität definieren sich Akha (bzw. Hani) weniger über objektive Kriterien, vielmehr auf der Basis von Selbstzuschreibungen. Hieraus, und aus der generellen Ungenauigkeit von Bevölkerungsstatistiken im südostasiatischen Raum, erklären sich die erheblichen Differenzen in Angaben ihrer Zahl. Geschätzt wird in den verschiedenen Quellen, dass zwischen 150.000[2] und 2 Millionen[3] Akha in Südchina leben; etwa 180.000[4] in Myanmar; 92.000 bis 100.000[5] in Laos; zwischen 33.000[6] und 75.000[7] in Nordthailand, und zwischen 12.000[8] und 25.000[9] in Vietnam.

Innerhalb der ethnischen Gruppe der Akha/Hani bestehen viele verschiedene Untergruppen und Lineagekomplexe, die sich, obwohl ihre Abstammung zu ein und demselben Urahn zurückverfolgt wird, durch die jeweilige Ausprägung ihrer Traditionsformen und ihrer Dialekte voneinander unterscheiden. Das Akha-Zangr[10], das kulturelle Regelwerk der Akha, dessen Grundlage eine animistische

[2] Kammerer 2000

[3] Alting von Geusau 2002

[4] Kammerer 2000

[5] Lao UNESCO Committee 1996; Duy Thieu 1996 (zit. nach Alting von Geusau 2002)

[6] Kammerer 2000

[7] Alting von Geusau 2002

[8] Kammerer 2000

[9] Alting von Geusau 2002

[10] "Zangr is no religion, and certainly not 'superstition' but a pragmatic legal system of survival, covering all aspects of life. [...] The word Akhazangr has been translated as religion, way of life, customs, etiquette, and ceremonies and traditions as handed down by the fathers. Akhazangr certainly has the authoritative heaviness of the Jewish Torah or the Roman Catholic Scripture and tradition except that it does not claim divine revelations but rather the authority of a succession of sixty-four generations of patrilineal ancestors during the long journey from Tibetan borderlands into China, Burma and Thailand.

Another characteristic of Akhazangr is that it indeed includes the whole of Akha life at all levels, in other words, the whole of what American anthropology calls Culture. It describes when, where, and how forest has to be cleared and burned; rice and vegetables have to be planted and harvested; hunting by traps or driving have to be performed; villages and houses have to be founded or built; husbandry tasks have to be taken care of; game and animals have to be slaughtered and divided; food has to be cooked; children have to be conceived and brought up; and transactions have to be managed.

Akhazangr also contains prescriptions indicating how to relate to many different categories of groups and persons within the Akha milieu, including family, lineage, and clan, in matters concerning marriage, penal and judiciary rules, as well as outsiders. Zangr meticulously describes proper daily behaviour: when to get up in the morning and in which order to proceed; how to allocate labour; how to hold a bamboo teacup or whisky container in the part of the year dominated by spirits and the part dominated by humans; which line males,

Religion und die Ahnenverehrung darstellt, ist die gemeinsame Basis ihrer kulturellen Systeme. "To be an Akha means to uphold the prescriptions and proscriptions for actions which constitute Akha customs", fasst Paul Lewis, ein amerikanischer Missionar und Ethnologe, zusammen (Lewis 1969, S. 24). Die Inhalte dieser Vorschriften sind jedoch nicht bei allen Akha dieselben. Ein Akhasprichwort besagt deshalb: "Everyone has their own customs" (Kammerer 1989, S. 273). Die Toleranz gegenüber kulturellen Unterschieden innerhalb der eigenen ethnischen Gruppe ist jedoch deshalb groß, weil die verschiedenen Ausprägungen alle ein und dieselbe Legitimität genießen: Sie sind von den Ahnen über Generationen hinweg tradiert worden (Kammerer 1989, S. 273). Kulturelle Normen werden nicht als statisch, sondern als veränderbar betrachtet. Nicht nur die ererbten, sondern auch innovative kulturelle Elemente gelten dabei als legitim.

Diese im kulturellen Verständnis der Akha angelegte Flexibilität hinsichtlich kultureller Adaption sei, argumentiert Cornelia Kammerer, das ausschlaggebende Charakteristikum, welches das Fortbestehen der Akhakultur als kohärentes, kosmologisch fundiertes Subsystem ermöglichte - über Jahrhunderte der Diskriminierung und des Anpassungsdrucks hinweg (Kammerer 1989). Dieser Flexibilität, gibt Kammerer zu bedenken, seien jedoch Grenzen gesetzt. Und diese wären bereits erreicht (ebd. S. 275).

Die Akha haben während der letzten Jahrzehnte einen Wandel ihrer Lebensbedingungen und einen Anpassungsdruck erlebt, der in seiner Extremität und Universalität in ihrer Geschichte bisher keinen Vergleich kannte.

Sozioökonomischer Wandel

Die traditionelle Wirtschaftsweise - weitgehend selbstsubsistente Agrarwirtschaft (Brandrodungsfeldwirtschaft und z.T. Opiumanbau) - ist im Akha-Zangr konstitutives Element. Inzwischen ist sie jedoch in den größten Teilen des Grenzlandes nicht mehr möglich. Die äußeren Gründe dafür sind zahlreich, besonders schwerwiegende Auswirkungen für die Akha hatten insbesondere folgende Faktoren:

---

and which line females have to follow when weeding the fields; in which direction to hold your dibble-stick while making holes (for males) and how to put the rice seed in the holes (for females); and how to hold your machete or sickle when walking to the fields. In other words, it contains the whole elaborated system which we call etiquette, except that, in daily Akha behaviour, interaction and language have no marked traces of a court or upper class, from which so many good manners, courtesies and words (including the word etiquette) in class societies have been derived" (Alting von Geusau 1999).

- jahrzehntelang anhaltende Migrationswellen mit einem dadurch bewirkten Bevölkerungsdruck im Hochland, der die flächenintensive Wirtschaftsweise aufgrund der Verknappung der Ressourcen unpraktizierbar macht;

- die im Zuge staatlicher Umweltschutzpolicen und Opium-Bekämpfungs-Programme erlassenen Verbote von Brandrodungs-Feldwirtschaft und Opiumproduktion - der bisher praktizierten Wirtschaftsweise der Akha;

- der jahrzehntelange Bürgerkrieg in Myanmar und die mit ihm einhergehenden Vertreibungen, Umsiedlungen, Plünderungen und Abgabenforderungen der paramilitärischen und Regierungstruppen;

- die Verluste von Arbeitskraft in der Elterngeneration durch zunehmende Drogenabhängigkeit und AIDS (vgl. auch Alting von Geusau 1992; Goodman 1997, S. 223 ff; Cohen/Lyttleton 2004; Palaung Women's Organisation 2006).

Genauso wie andere Bevölkerungsgruppen Festland-Südostasiens haben sich die Akha von der Subsistenzwirtschaft weg, zur marktwirtschaftlichen Wirtschaftweise hin orientiert. Die Landflucht ist groß. Vor allem die jüngeren Generationen wandern in urbane Zentren ab. Die Lebensweise nach dem Akha-Zangr konfligiert mit den Lebensbedingungen in urbanen Räumen.

Die Auswirkungen der Transformationsprozesse auf die (ehemaligen) Hochlandbewohner und der Zwang zur Anpassung an die Lebensstile der Mehrheitsgesellschaft sind in Thailand noch stärker als in Myanmar, da diese Prozesse auf thailändischer Seite schon weiter fortgeschritten sind. Entgegen den Vorhersagen der Entwicklungstheorien ist der Trickle-Down Effekt der Entwicklungs- und Modernisierungspolitik Thailands (in der 'Entwicklung' mit 'Westernisierung' gleichgesetzt wird) nicht eingetreten (McCaskill 1997, S. 32), vielmehr ist eine Zunahme von Marginalisierung und Diskriminierung ethnischer Minderheiten, ein 'social suffering' der ethnischen Minderheitengruppen festzustellen (ebd. S. 34; Bechsstedt/Legsomboon 2004, Cohen/Lyttleton 2004). In Thailand werden die staatlichen Reglementierungen der Wirtschaftsweise um ein Vielfaches strenger gehandhabt als in Myanmar; das Bevölkerungswachstum dezimiert die sozioökologischen Nischen im Bergland. Die gesellschaftlichen Wandlungsprozesse infolge des wirtschaftlichen Aufstieg Thailands in den letzten Jahrzehnten sowie die nationalpopulistische Identitätspolitik setzen die Bergbewohner unter starken Anpassungsdruck. In den Städten des Landes finden sie sich aufgrund des schlechten Images der 'Hilltribes' in den untersten gesellschaftlichen Milieus wieder (vgl. McCaskill 1997, S. 42) und weichen auf illegale Sektoren der Einkommensgenerierung aus (vgl. Alting von Geusau 1992; Goodman 1997, S. 223 ff; Cohen/Lyttleton 2004).

Zur Tragweite christlicher Mission

Neben der Transformation soziokultureller und sozioökonomischer Strukturen hat ein Wechsel der Religion stattgefunden. Die Basis für die Lebensweise gemäß des Akha-Zangr hat sich infolge der beschriebenen Prozesse aufgelöst:

Urbaner Lebensstil und Praxis des Akha-Zangr schließen sich gegenseitig aus. Beiderseits der Grenze wurde im 19. und 20. Jahrhundert intensiv christliche Mission betrieben - bei den Bewohnern der Berge im Gegensatz zur buddhistischen Talbevölkerung 'erfolgreich'[11] und wirkungsvoll. Im Gegenzug für den Bau von Schulen, Krankenhäusern und die Entwicklung von Infrastruktur sind inzwischen so gut wie alle Akha in den grenznahen Gebieten zum christlichen Glauben konvertiert (vgl. Goodman 1997, S. 239-244).

Die anfängliche Motivation, den christlichen Glauben gegen die Riten des Akha-Zangr einzutauschen, erklärt Cornelia Kammerer (1989) als ökonomisch motiviert:

> "The many customs (of Akha-Zangr) are difficult in being both complex and costy. [...] Highlanders are numerous and hill land is scarce; lowlanders, themselves impoverished, cut swidden on mountains slopes; and government reforestation programmes reduce upland farmland by planting trees while, at the same time licensed and illegal logging remove trees. Akha who convert to Christianity often do so because they can no longer afford to make the sacrifices demanded by the many and difficult customs of their forbears" (ebd. S. 274).

Der Religionswechsel der Akha im Grenzgebiet ist also einerseits als Folge der Verarmungsprozesse zu sehen und andererseits als Adaptationsstrategie, in der die Glaubenssysteme hinsichtlich ihrer Funktionalität und Rentabilität im gegenwärtigen Setting geprüft werden.

Andererseits, so lautet das Argument Jim Goodmans (1997), ist die Einflussnahme christlicher Agenturen auch als Mitursache der heute zu beobachtenden sozialen Problematik zu sehen. Zwar wird vielerseits argumentiert, die meisten Akha der älteren Generationen ließen sich von der christlichen Lehre zunächst nicht weiter beeindrucken, sondern folgten - abgesehen vom Kirchenbesuch - den hergebrachten Regeln, und der Religionswechsel habe nur mäßigen Einfluss auf den Kulturwandel in den Gemeinschaften der Akha, jedoch sind die sozialen Auswirkungen der Konversion langfristig und in ihrer subtilen Wirkung zu betrachten. Spirituelle und 'andere' Bereiche des kulturellen Systems können nicht einfach voneinander getrennt betrachtet werden, da die gesamte Weltsicht, die Sozialordnung und Sinngebung mit dem Glaubenssystem der Akha in direktem Zusammenhang stehen, sich gegenseitig bedingen und aufeinander aufbauen.

Die Botschaft der christlichen Missionare an das kulturelle Selbstbewusstsein der Akha fasst Jim Goodman zusammen:

> "The dominant theme the missionaries use in haranguing the Akha is that their culture is outdated, primitive, benighted and besotted with demon-worship. *Ak-*

---

[11] Seit der britischen Kolonialzeit sind im Shanstaat vor allem katholische und baptistische Kirchen vertreten; westliche Missionare wurden inzwischen zum Großteil durch einheimische abgelöst.

hazangr they cast as the Devil's work of deliberate confusion. The World of God the present as the antidote. Conversion, they promise, will elevate their status, render them equal to all fellow-Christians, improve their material life, and guarantee them an afterlife more splendid that anything envisioned in the old songs of their *pimas*" (ebd. S. 242).

Mit der Bewertung des traditionellen Glaubenssystems als dämonischer Aberglaube, mit der Entwertung traditioneller kosmologischer Erklärungsmuster und der Abwertung traditionell glaubender Akha als heidnische Außenseiter sprechen die 'Vertreter des Christentums' der kulturellen Identität der Akha die Legitimität und Wertigkeit ab (vgl. Goodman 1997).

Abwertung ist eine den Akha historisch altbekannte Erfahrung. Dem entgegengestellt wurde bis zur Konversion das bis ins kleinste Detail reglementierte, kulturelle System Akha-Zangr, welches die Stärkung der Akha als ethnische Gemeinschaft ermöglichte. Es erhielt die sozialen Einheiten über Jahrhunderte hinweg funktional, erodiert nun jedoch mit der inneren Zersetzung dieser Strukturen.

Urbane Akha - Lebensbedingungen und Adaptation kultureller Strategien

Nicht nur die neue Religion, auch die Versprechungen der konsumorientierten Gesellschaft führen zu der Auflösung von Dorfstrukturen und zur Abwanderung großer Teile der Bevölkerung in urbane Gebiete. Dort finden sich die Akha am untersten Ende der gesellschaftlichen Gesellschaftsordnung wieder - von allen Bevölkerungsgruppen des Landes rangieren sie am niedrigsten. Ihnen fehlt es an kulturellem Kapital, um sozialen Aufstieg zu verwirklichen. Ihr Bild bei den Thais, das sie als rückständige, unzivilisierte Primitive skizziert (McCaskill 1997, S. 42), entfaltet im Grenzort seine Wirkung. Ökonomische Optionen eröffnen sich ihnen deshalb fast nur in semi- und illegalen Sektoren: im Drogentransport, im Verkauf illegaler Waren an Touristen an der Grenze, in der Prostitution (vgl. Goodman 1997, S. 223 ff.; Alting von Geusau 1992) und im Beruf des Bettlers. Als allerorts Vertriebene mit einer langen Migrationsgeschichte haben sie kulturelle Strategien entwickelt, die ihnen das Überleben als marginalisierte Gruppen ermöglichen. Im Laufe der Geschichte der Akha sind diese Strategien entwickelt und, wenn sie dysfunktional wurden, wieder verworfen worden. Bis heute intakt, weil weiterhin funktional, sind die grenzübergreifenden sozialen Netzwerke der Akha, die heute ihre zentrale Position im Drogenhandel ermöglichen.

Die Akha der Brücke

> Since criteria for group identification are not uniform or universal, "it therefore becomes the ethnographer's task to discover, in each instance, which features are locally signifikant for purposes of assigning ethnic labels" (Moerman 1965, S. 1220; zit. nach Kammerer 1989).

Unter dem Gesichtspunkt ethnischer Identität betrachtet, die Paul Lewis (1969) und Cornelia Kammerer (1989) als die 'Aufrechterhaltung der dem Akha-Zangr streng folgende Lebensweise' beschreiben, stellt sich im Hinblick auf die beobachtete alltagskulturelle Praxis der Akha der Brücke die Frage, wie überstrapaziert die kulturelle Adaptationstoleranz der Akha ist, oder anders formuliert: was 'Akha-Identiät' heute für jene Generation bedeutet, die sich zwar als Akha identifiziert, von dem, was in Ethnographien als Akha-Zangr beschrieben wurde, jedoch kaum je etwas gehört hat[12].

Wie wissen die Akhakinder, dass sie Akha sind? Klar: Ihre Eltern sind Akha, sie sprechen Akha, sie verhalten sich wie die anderen Akha, die sie kennen. Sie werden von anderen als Akha wahrgenommen und man begegnet ihnen in der Weise, in der man sich eben gegenüber Akha verhält.

Sie verfügen über ein vages Wissen um gemeinsame historische Erfahrungen, und ihre gegenwärtige Situation teilen sie mit anderen Akha - teilweise jedoch auch mit Vertretern anderer gesellschaftlicher Gruppen. In ihren Alltagspraktiken unterscheiden sie sich zwar in mancher Hinsicht von anderen, in vielen Aspekten sind sie sich jedoch auch ähnlich.

Trotzdem wissen die Akhakinder, dass sie Akha sind. Fragt man sie, auf welche Art sie Akha seien, sind sie sich nicht so sicher. Trachten, traditionelle Kluft mit großartigen Kopfbedeckungen, nach denen Anthropologen die Untergruppen äußerlich zuordnen konnten? Die haben sie nicht. Der Name ihrer Lineage? Den kennen sie nicht. Woher sie kommen? Aus dem Dorf Yaboyaya. Wovon ihre Familien leben? "Na, ja. Das weißt du doch: Wir bitten die Leute auf der Brücke um Geld[13]. Wir sind Akha, das ist doch klar. Was sollten wir sonst sein?"

---

[12] Als zentral für die Kontinuität der Akhakultur gilt die Fähigkeit der Männer, mehr als fünfzig Generationen zurückreichend die Namen der Vorväter zu rezitieren (Goodman 1997, S. 65). Die Akhajungen der Brücke jedoch beherrschen diese Disziplin nicht.

[13] Das thailändische Wort für 'betteln' ist *khoo thang*. Wörtlich übersetzt bedeutet es: 'höflich um Geld bitten'.

Yaboyaya

Die meisten Akhakinder auf der Brücke kommen aus dem Dorf Yaboyaya, welches zwei Kilometer außerhalb von Tachileik auf myanmarischer Seite liegt. Es existiert seit ungefähr dreißig Jahren. Die rund 20 Familien des Dorfes gehören unterschiedlichen ethnischen Gruppen an: Neben Akha leben dort Pa-O, Wa, auch Shan und Lisu. Mit den Akha des Dorfes sind verschiedene Lineages vertreten: Einige Mütter zählen sich zu den Akhue-Akha[14], andere können mit dieser Frage nichts anfangen[15]. Diese ethnische Durchmischung des Dorfes ist für Akha untypisch: Die Bestimmungen bezüglich der Strukturen der Siedlungsgemeinschaften gehören zu den grundlegenden Elementen des Akha-Zangr und sind eng mit Aspekten von Kosmologie und sozialer Ordnung verbunden. Neben Yaboyaya sind mir keine weiteren Dörfer bekannt, in denen Akha gemeinsam mit anderen ethnischen Gruppen leben.

Die Dorfbevölkerung lebt vom Grenzgewerbe und ist in die Sozioökonomie der Grenzstadt eingebunden. Die Wohn- und Lebensbedingungen des Dorfes sind urbanen Strukturen ähnlich: Für Wohnraum muss zum Teil Miete gezahlt werden; Ackerland ist nicht zugänglich. Für landwirtschaftliche Güter, die in Gärten produziert werden können, zahlen sie hohe Abgaben an die militärischen Gruppen und müssen mit Plünderungen rechnen. Einige Familien, darunter vor allem Wa, haben es zu relativem Wohlstand gebracht und großzügige Anwesen im Dorf errichtet. Die Mehrzahl der Familien jedoch lebt in Armut, die aufgrund von Drogenabhängigkeit und Aids extreme Formen annimmt. Eine internationale christliche NGO[16] ist als einzige Hilfsorganisation[17] in dem Dorf tätig. Sie betreibt die Kirche und ein Drop-In-Center[18], das jedoch nur ca. 20% der Kinder erreichen kann. In ihrem Mangel an Ressourcen unterscheiden sich die Akha

---

14 Vgl. Alting von Geusau 2000

15 Da jegliche Nachforschungen im Dorf für weiße Ausländer seitens der myanmarischen Behörden nicht erlaubt sind, konnte keine detaillierte Untersuchung vor Ort durchgeführt werden. Die hier dargelegten Informationen stammen von verschiedenen Brückenakteuren und von Mitarbeitern der NGOs. Die Kinder selbst wissen über die ethnischen Zusammenstellung und die Geschichte des Dorfes wenig Bescheid.

16 Die Namen der NGOs werden - mit Ausnahme Baan Nanas (englische Bezeichnung: 'Childlife'), deren ausdrückliche Erlaubnis vorliegt - nicht genannt.

17 Aufrund der politischen Lage in Myanmar ist der Zugang zu den Grenzregionen für internationale nicht-konfessionelle Hilfsorganisationen stark limitiert. Präsent sind deshalb vor allem christliche Agenturen, deren humanitäre Tätigkeiten in Missionsprojekte eingebunden sind.

18 Das Drop-In Center wurde von der thailändischen Organisation Baan Nana gegründet, welcher jedoch seitens des myanmarischen Staats misstraut wird. Deshalb wurde das Center an die christliche NGO übergeben. Es soll den Kindern des Dorfes eine Alternative zur Brücke bieten, und die Eltern über die Gefahren an der Grenze aufklären. Das Angebot besteht aus non-formalem Unterricht, Freizeitbetreuung und einer täglichen Mahlzeit.

Yaboyayas nicht wesentlich von vielen anderen Bevölkerungsgruppen in der Region.

Die Opiumnutzung hat eine lange Tradition bei den Akha, zum Einsatz kam die Substanz seit ihrer Einführung in den südostasiatischen Raum im 17. und 18. Jahrhundert vor allem als Schmerz- und Heilmittel und als Cashcrop. Terminologisch wird, wie auch im Thailändischen, nicht zwischen 'Medizin' und 'Droge' (in der Bedeutung von Rauschgift) unterschieden. Ob dies Mitursache dafür ist, dass negative Folgen von regelmäßigem Konsum der Substanzen unterschätzt werden, ist bisher nicht untersucht worden. Der Missbrauch der Substanzen hat in den letzten Jahrzehnten vor allem unter Männern dramatisch zugenommen[19]. Konsumiert werden nach der starken Verteuerung von Opium und Heroin[20] vor allem billigere Amphetaminderivate, Marihuana, Alkohol und schnüffelbare Substanzen, wie zum Beispiel Klebstoff.

Die hohe Drogenabhängigkeitsrate kann als eine der Auswirkung des 'social suffering' der Gemeinschaften interpretiert werden, und sie führt zur Verschlimmerung der prekären Situation, weil mit dem Beschaffungsdruck und dem Verlust der Arbeitskraft der Elterngeneration die ökonomische Not der Familien steigt, und sich in Folge die Verhältnisse der Zuständigkeitsbereiche zwischen den Generationen dramatisch verschieben. Die Drogenabhängigkeit der Elterngeneration wirkt sich nicht nur auf die ökonomische Situation aus und beeinträchtigt die Familienstruktur, sie fördert auch bei den Kindern die Wahrnehmung der Abhängigkeit als alltäglich-normales Phänomen und folglich eine Herabsetzung der Hemmschwelle zum eigenen Drogenmissbrauch.

Der Drogenbedarf verursacht die Hauptbelastung der Haushaltsbudgets. Daneben sind andere Lebensgewohnheiten der Akhafamilien Yaboyayas einem urbanen Konsummodell angepasst worden. Die aufwendige Eigenproduktion von Nahrungsmitteln und Kleidung wird schon aus Zeitgründen nicht mehr geleistet; die auf Märkten verfügbaren Artikel gelten darüber hinaus als Symbole eines Lebensstils und einer Gesellschaft, deren Teil zu sein die Akha der Grenze sich wünschen. Für marktwirtschaftlichen Konsum bedarf es Bargeld. Das Bet-

[19] Nur wenige Kinder reflektieren oder problematisieren die Drogensucht ihrer Eltern. In der Regel reden sie nur darüber, wenn man ausdrücklich fragt, ob zuhause 'Pfeife geraucht wird' - die bevorzugte Einnahmemethode der Akha-Eltern -, oder sie direkt danach fragt, wenn sie die Gesten des gemeinsamen Rauchens performativ in ihren Spielen aufgreifen. Was in diesen Pfeifen im Einzelnen enthalten ist, wissen die jüngeren Kinder normalerweise nicht. Die meisten gehen davon aus, es werde nach wie vor Opium geraucht, was nach der starken Verteuerung von Opium unwahrscheinlich ist. Die Vermutung liegt nahe, dass inzwischen auch der Großteil der Elterngeneration auf Amphetaminderivate umgestiegen ist. Diese Sachverhalte waren jedoch nicht Gegenstand der Untersuchung, weshalb hierzu keine genaueren Angaben gemacht werden können.

[20] Die Verteuerung von Opium und (aus Rohopium gewonnenem) Heroin hängt mit der eingeschränkten Verfügbarkeit zusammen, die Folge ist von internationalen 'Opium-Vernichtungsprogramme', vom thailändischen 'War on Drugs' (2003), und von der Verlagerung des Produktionsschwerpunkts auf Amphetaminderivate.

teln der Kinder stellt für die Akhafamilien die effizienteste und einträglichste der ihnen zugänglichen Einkommensmethoden dar.

Ökonomische Aspekte des Bettelns

Die Akha der Grenze dominieren nicht nur unter den Bettlern der beiden Orte, sie sind die einzigen, die dabei ihre Kinder vorschicken.

In sozioökonomisch besser gestellten Kreisen wird Betteln negativ bewertet. Betteln steht für ein Eingeständnis sozialen Scheiterns, ist höchstens als Notlösung tolerabel, als letzte Überlebensstrategie vor der Kriminalität. Bei den Grenzstadtbewohnern trifft das Verhalten der Akha deshalb auf Unverständnis und Missfallen:

> "The parents don't want to work in the fields. They are lazy. They could do a normal work like everybody in Tachileik. They don't have to beg. They are not poorer than most of the people. They have their houses and some land. But they think it is easier to send their children to beg. And the children, they only work for the parents. On the way home or at home their parents are waiting and take all the money off them. [...] In the morning the husband just kicks his children: 'Go! Go to the bridge to get money for me. If you don't bring enough, I'll beat you'. Then he lays at home all, taking drugs."[21]

Unter den Akha Yaboyayas sind die Vorbehalte gegen die Tätigkeit des Bettelns nicht in derselben Art und Weise ausgeprägt[22]. Die Familien der bettelnden Kinder zählen zwar zu den ärmeren und ärmsten im Dorf, sie stehen jedoch innerhalb der Dorfgemeinschaft nicht im selben Maße im sozialen Abseits, wie dies bei Bettlern anderer Gesellschaften in der Regel der Fall ist. Betteln wird als eine Arbeit angesehen, die zwar nicht als statusträchtig, aber durchaus als akzeptabel gilt.

Ein Blick in Kulturgeschichte der Akha erhellt die Hintergründe. Sie handelt vom Überleben als sozial Unterlegene, lehrt die Nutzung offener Nischen und Freiräume (vgl. Goodman 1996, S. 85-87), die Notwendigkeit, Bedenken des guten Tons in Abwägung der Existenzsicherung hintan zu stellen. Auf diese Weise ergaben sich die Berge als Lebensraum der Akha, das Opium als wichtiges Cashcrop (ebd. S. 51) und an der Grenze die Profession des Bettel-Brückenkindes. Die Kinder erbetteln an guten Tagen im Durchschnitt 200 bis

---

[21] Auszug aus einem Interview mit einem Anwohner Tachileiks, der aufgrund der Sicherheitslage in Myanmar anonym bleiben möchte.

[22] Über eine Anthropologie des Bettelns bei den Akha kann darüber hinaus wenig ausgesagt werden, da sich weder die Literatur damit befasst, noch genügend Recherchen angestellt werden konnten.

300 Baht, manchmal auch 500 Baht - eine Summe, die den Verdienst eines Arbeiters bei weitem übersteigt[23].

Die Gesten des Bettelns und der Almosengabe

Bettler haben in der Regel eine interessante Stellung in ihrer jeweiligen Gesellschaft, sie sind gleichzeitig Außenstehende und integrativer Bestandteil. Marcel Mauss (1968/1990) bezeichnet sie als "Repräsentanten der Götter und der Toten" (S. 46 f). Sie verkörpern, schreibt Marc Augé (1988) in seiner Ethnographie der Pariser Metro, eine Grenze zum gesellschaftlich Unüberschreitbaren, zum Unüberwindbaren: Sie scheinen fast schon tot.

Die Almosengabe sei ein Versuch, die eigenen gesellschaftlichen Grenzen zu definieren, argumentiert er, eine Ab- und Eingrenzung gegenüber dem zu schaffen, was man nicht sein will. Aus dieser Negativdefinition - das zu sein, was ein Bettler nicht ist - wiederum, erwächst ein Moment kollektiver Identifikation, eine gefühlte Gemeinsamkeit mit einem gesellschaftlichen Ganzen, dem gegenüber die Bettler erschreckende "schwarze Löcher in der Galaxie des Alltäglichen" darstellen. Bettler geben so dem Nicht-Bettler das Gefühl, Symbol von Glück und Reichtum zu sein, sie bestätigen die gewünschten Zugehörigkeiten. Daraus erwachse, so Augé, die verspürte "heilige Beunruhigung" in Anbetracht von Bettlern und das Gefühl, zur Gabe verpflichtet zu sein - sich zumindest vor sich selbst rechtfertigen zu müssen, wenn man sich des Gebens enthält (Augé 1988, S. 70-71).

Anthropologisch führt Mauss die Geste des Almosens sowohl auf den moralischen Begriff der Gabe und des Reichtums zurück, als auch auf die Idee des Opfers. Freigiebigkeit erscheint obligatorisch, weil sich, so befürchtet man, sonst eine höhere Gewalt ("die Nemesis für die Armen und die Götter") an demjenigen räche, der sein Glück und Reichtum für sich behält. Gaben an Kinder und Arme jedoch sind den Mächten wohlgefällig (Mauss 1968/1990, S. 46-47).

Kinder und Krüppel erhalten von allen Bettlern am meisten Almosen, gefolgt von Frauen. In Anbetracht von Bettlern fühlt sich der Nicht-Bettler stark. Die Geste des Bettelns ist eine Geste der Unterordnung, der Selbstauslieferung an die Willkür des Gebers. In vielen Gesellschaften gelten Frauen, aber vor allem Kinder als schwach, was das Machtgefühl des Gegenübers steigert. Bei den Bettlern der Brücke kommt ein anderes Machtgefälle hinzu. Viele Besucher der Brücke kommen aus industriell aufstrebenden oder postindustriellen Gesell-

[23] Muang Daeng, ein Ortsteil Maesais, ist Sammelstelle und Umschlagplatz für die Arbeit von Tagelöhnern. Jeden Morgen warten viele Menschen von der anderen Seite des Flusses auf Anstellung im Baugewerbe und ähnlichem. Während der Lohn für eine Thai-Arbeitskraft mindestens 100-150 Baht (2-3 Euro) am Tag beträgt, liegt der Durchschnittslohn eines Arbeiter ohne thailändische Nationalität bei 80 Baht (1,6 Euro) pro Tag.

schaften, in deren Vorstellung die Bevölkerung Myanmars und die Hochlandethnien der Grenzregion als rückständig, weil kaum industrialisiert, gelten. Die Bereitschaft, das Gegenüber als hilfsbedürftig wahrzunehmen, als Adressaten des Almosens, die Disposition zum Geben ist bei den Besuchern bereits angelegt, bevor sie die Brücke betreten.

Kindern gibt man bereitwillig, von gesunden Erwachsenen jedoch erwartet man, dass sie 'arbeiten'. Als Bettler lässt man sie kaum verdienen, weil Betteln nicht als 'Arbeit' gilt. Kindern wiederum wird - aufgrund ihrer angenommenen Schwachheit und aufgrund der kategorischen Ablehnung kindlicher ökonomischer Tätigkeit im modernen Kindheitsmodell - 'Arbeit' nicht zugemutet. Ihrem Betteln folgt man. So kommt es, dass die Kinder Yaboyayas, und nicht ihre Eltern, als Bettler für den Lebensunterhalt der Familien arbeiten.

Zum Wandel der Rolle von Kindern im Familiensystem

Die heutige Rollenverteilung in den Familien[24] der Akha Yaboyayas entspricht der patriarchalischen Sozialordnung der Akha, die z.B. Lewis in seiner Monographie *"Ethnographic Notes on the Akha of Burma"* (1969*)* beschreibt. Frauen und Kindern ist darin die alltägliche Erwirtschaftung des Lebensunterhalts zugewiesen, während den Familienvätern Aufgaben im Bereich des Hauses, der Jagd und religiöser Zeremonien obliegen. Die Kinder werden mit zunehmendem Alter - ihren individuellen Fähigkeiten entsprechend - in die Arbeitsprozesse in Haus und Feld eingebunden[25]. Die Beschäftigung in den Tätigkeitsfeldern der Erwachsenen ist substantieller Bestandteil der Akha-Sozialisation - eine ausdrückliche Trennung zwischen Erwachsenen- und Kinderaufgaben wird im Alltag nicht vorgenommen. Vielmehr wird es von den Eltern für notwendig befunden, dass sich die Kinder so früh wie möglich die Techniken der Subsistenz aneignen.

---

[24] Paul Lewis (1969) schreibt zur Rolle des Familienvaters bei den Akha: "He controls the economic aspects of the household, as well as anything related to discipline, relations to other villagers and important decisions. He rules on all disputes, and his word is final" (S. 809).

[25] Im Rahmen einer Darstellung des 'typischen' Tagesablaufs in Akhafamilien beschreibt Lewis die Arbeitsteilung: "[...] After the morning rice, the father usually sends the children to the field. He will only go a few times a year - just enough to make sure that the work and ceremonies are carried out properly. He will usually stay home and care for the lifestock [...] When the members of the family who have been working in the fields get home at night, the father usually has the evening meal prepared for them. [...] In families where the father is an opium smoker, the routine is basically the same. However he will get up much later [...] Also, rather than spending his time finding things around the house to do, he will be probably looking for ways and means of trading articles in the house for opium. He knows he will be scolded by the rest of the family when they get back from the fields, but the craving for opium outweighs all other concerns" (S. 857).

In den Familien Yaboyayas jedoch haben sich die Verhältnisse verschoben. Aufgrund ihrer größeren Erfolge beim Betteln sind es in den meisten Fällen die Kinder, die das Familieneinkommen erwirtschaften. Die Mütter begleiten sie lediglich, um sie zu beaufsichtigen und zu kontrollieren. Die Familienväter bleiben zuhause, nehmen Opium und Amphetamine. Nach wie vor genießen sie den Status absoluter Autorität und sind von ökonomischer Verantwortung entlastet. Das erbettelte Geld wird abends bei ihnen abgegeben; ihnen steht es zu, Strafen zu verhängen, wenn der Tagesverdienst nicht einem festgelegten Soll entspricht.

Die soziale und ökonomische Dankesschuld von Kindern (im Thailändischen mit dem Begriff *bun khun*[26] bezeichnet) gegenüber Eltern ist eine der Säulen der Eltern-Kind-Beziehung bei den Akha sowie auch in vielen anderen Gesellschaften Südostasiens. Dieses Beziehungskonzept ist Grund dafür, dass es als die Pflicht der Kinder angesehen wird, für die alt oder sonst wie hilfsbedürftig gewordenen Eltern aufzukommen.

Die Arbeit der Brückenkinder lehnt sich also an übermittelte Sozialisationsmuster an, doch übertragen die Eltern das im dörflichen Kontext entwickelte und bewährte Kindheitsmodell heute in angepasster Form auf die gegenwärtige Situation. Die Anforderungen an die Kinder sind bei dieser Modulation - vor allem durch die extrem gestiegene ökonomische Verantwortung - deutlich höher geworden.

Die Tatsache, dass die Bettelkinder der Brücke heute Hauptverdiener ihrer Familie sind, erhöht zwar nicht automatisch ihren Status innerhalb der Familienhierarchie, lässt sie jedoch eine wichtige und verantwortungsvolle Rolle einnehmen. Sie entwickeln früh Vertrauen in ihre Kompetenz, in ihre ökonomische Selbstständigkeit und in ihr Vermögen, Verantwortung für andere zu tragen.

Historiographie des Bettelns auf der Brücke

Seit der Tourismus und Grenzverkehr an der Brücke Anfang der neunziger Jahre ein signifikantes Ausmaß erreichten, versuchten die Akha wie die anderen Akteure, in dem neu entstandenen ökonomisch fruchtbaren Milieu Einkommensquellen zu schaffen. Als soziales Kapital nutzten sie ihr prominentes Image als das exotischste und primitivste der 'Bergvölker'. In traditioneller Bekleidung posierten sie gegen Bezahlung auf touristischen Fotografien.

[26] Zum Konzept von *bun khun* in der thailändischen Gesellschaft: "Respect and obedience to elders [parents and other people who have *bun khun* on us] trust in their wisdom and protection, the need to return favours received, all these are strong themes in Thai culture. The underlying idea is the principle of mutual dependence and reciprocity, and the principle of being practically and morally indebted" (Mulder 1979, S. 64; vgl. auch S. 26-27; S. 44-46; S. 55).

Den lokalen Behörden ging dieses Gebaren zu weit, weshalb 1996 - zur Imageverbesserung des Ortes - ein Verbot dieser Tätigkeit erlassen wurde. Infolgedessen spezialisierten sich die Akhafamilien der Gegend auf das Betteln, das sich, nicht zuletzt aus moralischen Gründen, nicht so einfach verbieten lässt. Im Gegensatz zu den Akha anderer Tourismusorte Thailands haben die Akha in Maesai/Tachileik nie den fliegenden Handel mit 'Ethno-Schmuck' und anderen Accessoires professionalisiert, da sich am Grenzübergang Betteln als ertragreicher und praktischer erwiesen hat: Es muss zuvor weder etwas produziert werden, noch wird Startkapital benötigt.

Die Nachricht vom Erfolg dieser Einkommensstrategie hat im myanmarischen Landesinneren weite Kreise gezogen und wurde für viele Akhafamilien Anreiz zur Migration. Obwohl die Mehrheit der Bettler in Maesai Akha sind, betteln - meist zu schulfreien Zeiten - auch zunehmend Kinder anderer ethnischer Gruppen, die darin einen willkommenen Neben- oder Taschengeldverdienst entdecken. Das Betteln der Kinder wird in solchen Familien jedoch mit anderen Bewertungsmaßstäben gemessen als bei den Akhakindern Yaboyayas und ist nicht selten Auslöser oder Ergebnis familiärer Konflikte. Die Akha stellen die einzige ethnische Gruppe in dieser Gegend dar, in der Eltern systematisch das Betteln ihrer Kinder veranlassen.

Adoption, Pflegefamilien und Menschenhandel

Das Betteln der Kinder ist nicht das einzige Geschäft an der Grenze, in dem der Kindheitsstatus zu Kapital wird. Der Menschenhandel blüht in der Grenzregion - ein Geschäft, in dem Frauen und Kinder als 'Ware' gelten. Die Netzwerke aus Schmugglern und Händlern, die 'Broker' genannt werden, reichen tief in die Gemeinschaften hinein und werden oft durch Personen verkörpert, die den 'Objekten' des Handels bereits bekannt sind.

"The Akha are very easy to sell their children", bietet mir Jeab als Erklärung an, als uns zu Ohren kommt, dass eine Großmutter ihre Enkelin auf dem Markt von Maesai feilbietet. "If they think, they can't take good care of their children, they like to sell them or give them away to other families. They do that because they want to give a good chance for their children and they think, that others can take better care of them than the parents themselves."

Bei den Akha sind Familienwechsel kein ungewöhnliches Phänomen. Kinder werden, erläutert Paul Lewis (1969), häufig aus ökonomisch schwachen Familien, aus Familien, die schon viele Kinder haben oder sich aus anderen Gründen mit dem Nachwuchs überfordert sehen, an wohlhabendere gegeben. Diese nehmen die Kinder gerne an, entweder weil sie selbst keine (männlichen) Nachkommen haben, die die Ahnendeszendenz fortsetzen können, oder weil sie Bedarf an Arbeitskräften haben. Lewis übersetzt die Akhabezeichnung für solche Kinder (za_k'a^) mit 'Servant Slaves'. In der Regel werden sie als vollwertige

Mitglieder in die neue Familie aufgenommen, indem ihnen ein neuer Name gegeben wird, der sie als Lineagemitglied ausweist und sie in die Ahnenfolge einreiht[27]. Sie gelten dann als die Kinder der neuen Familie (ebd. Vol. IV, S. 808-813).

Viele der (ehemaligen) Brückenkinder haben solche Familienwechsel hinter sich. Meistens scheint der Wechsel an sich nicht das ausschlaggebende Problem darzustellen, wenn aber die neue Familie in eine schwierige Lage gerät, befinden sich diese Kinder oftmals in einer benachteiligten Situation und werden relativ unbesorgt wieder weggeben.

Vor diesem Hintergrund ist auch zu verstehen, dass in den lokalen Hilfsprojekten ein großer Anteil Akhakinder leben, deren Familienangehörige sie hinbringen und keinerlei weitere Ansprüche hegen - das Kind je wiederzusehen zum Beispiel. Im Vertrauen darauf, ihr Spross sei dort besser aufgehoben als bei ihnen, geben sie nicht nur ihre Zuständigkeit, sondern auch alle Vorrechte auf. Kinder sind ihnen jedoch keineswegs gleichgültig. In Fällen von 'Kindesentführung', auch wenn sie in bester Absicht geschehen - so die gängige Praxis einer lokalen Hilfsorganisation, neue Kinder aufzunehmen[28] - reagieren die Eltern und die Dorfgemeinschaft alles andere als gelassen: Zwischen der ersten und zweiten Forschungsperiode verschwanden acht Kinder aus Yaboyaya und von der Brücke - für die Angehörigen ein unbeschreibliches Drama.

In bedrohlicher finanzieller Lage, aus mangelndem Bewusstsein um die Risiken für die Kinder und unter den Auswirkungen langjähriger Drogenabhängigkeit agieren einige Familien jedoch leichtgläubig, wenn es um die vermeintlich familiäre Neuplatzierung ihres Kindes geht. Die Broker gelten oft als vertrauenswürdige Leute; die Summen, die sie bieten, übersteigen die normalen Verdienstaussichten der Familien in astronomischer Höhe. Die Hintergründe, aus denen heraus Kinder vorsätzlich von ihren Verwandten 'verkauft' werden, können jedoch nicht pauschal beurteilt werden, sondern erfordern in jedem Einzelfall, die Details genau zu berücksichtigen[29]. Öfter als ein Kindesverkauf durch Anverwandte sind Fälle, in denen dritte Personen aus dem Umfeld die Kinder entführen und dann an international agierende Trafficker veräußern.

Festzuhalten bleibt in diesem Zusammenhang, dass die blutsverwandte Familie nicht als einzig adäquater Kindheitsort gilt. Die leiblichen Eltern zurückzu-

---

[27] Die Namensilben der Vertreter der Generationen überlappen sich - die letzte Silbe des Vaternamens wird zur ersten des Namens des Sohnes (Lewis 1969, S. 811).

[28] Vgl. die Fallstudie von Amina (Kapitel ,Die Brückenkinder - Kinderportraits – Amina').

[29] In einem Fall war der 'Broker' ein Onkel der fünf Mädchen, deren Mutter vor kurzem an Aids gestorben war. Gegen die beiden ältesten Mädchen, denen er 'gut bezahlte Arbeit in Bangkok' versprach, bot er der, unter großen ökonomischen Anstrengungen für die Vollwaisen Sorge tragenden Großmutter ein Wohnhaus zum Tausch. Der Integrität des Angebots vertrauend, war diese bereit einzuwilligen, als eine Hilfsorganisation intervenierte.

lassen und sich in neue Bindungen begeben zu müssen, ist für ein Akhakind im Moment zwar tragisch, liegt aber im Rahmen der vorstellbaren Möglichkeiten. Wenn dies ohne Schuldgefühle auf Seiten der Kindes und emotional im Guten geschieht, kann ein solcher Wechsel in eine neue fürsorgende Gemeinschaft - z.B. eine Hilfsorganisation - in der Zufriedenheit aller Parteien münden.

Gleichwohl kann es mitunter zu Interessenskonflikten kommen, wenn die Kinder von sich aus die Angebote von Hilfsorganisationen in Anspruch nehmen und der Familie eine wichtige Arbeitskraft verloren geht. Um diesem Konflikt vorzubeugen, nehmen manche Organisationen die Kinder ohne Wissen und Zustimmung der Eltern auf, so dass es aussieht, als sei das Kind entführt worden oder verloren gegangen. Die Eltern werden bei diesem Vorgehen nicht respektiert. Wenn mit ihnen jedoch in respektvoller Weise in der Entscheidungsfindung zusammengearbeitet wird, ist - dies zeigt die Erfahrung anderer Organisationen - die große Mehrheit der Eltern dazu bereit, die Kinder gehen zu lassen.

Abbildung 11: Mütter warten am Wegrand und beaufsichtigen ihre bettelnden Kinder. Abends gehen sie gemeinsam zum Dorf zurück.

Abbildung 12: Die meisten Brückenkinder wohnen in einem nahegelegenen Dorf auf der myanmarischen Seit

Abbildung 13: Von erwachsenen Akha der Grenze wird nach wie vor Opium bevorzugt. Wegen des Preisanstiegs jedoch, werden nun aus den Wasserpfeifen vor allem auch billigere Metamphetamine geraucht.

Abbildung 14: Zwischen den Nationen findet ein sozialer Raum Platz, der sich von den Wirklichkeiten in den Landeszentren unterscheidet.

Abbildung 15: Ausflügler aus den Mittelschichten der thai-ländischen Großstädte und Touristen aus dem westlichen und asiatischen Ausland sind die Hauptzielgruppen der Bettelkinder.

Abbildung 16: Bis zu 500 Baht pro Tag können die Kinder an der Brücke durch betteln verdienen. Der durchschnittliche Tageslohn eines burmesischen Arbeiters in Thailand beträgt dagegen nur 80-100 Baht.

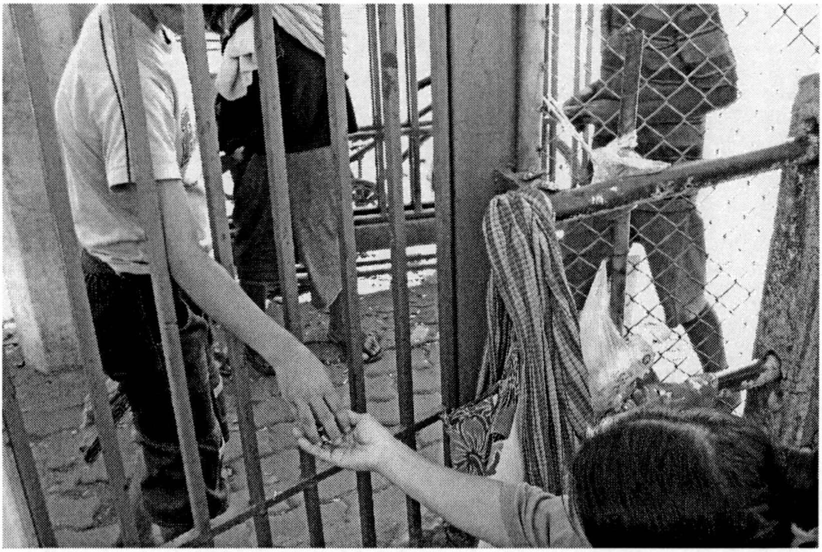

Abbildung 17: Die Kinder erwirtschaften den größten Teil des Familieneinkommens.

Abbildung 18 und 19: Die Brücke ist neben Arbeits- auch Lebensort der Kinder.

Abbildungen 20 und 21: Das Sammeln und Verkaufen wiederverwertbarer Materialien aus dem Abfall ist einer der ‚Berufe' der Brückenkinder.

Abbildung 22: Die Brückenkinder sind beliebtes Photomotiv von Touristen. Sie selbst gehen meist spielerisch und geschäftstüchtig mit der Situation um.

Abbildungen 23 und 24: Die Grenze zwischen naiv-touristischen und weniger harmlosen Verhalten von Fotografierenden ist jedoch fließend und für die Kinder schwer zu definieren und zu forciere.

Abbildung 25: Das Mädchen verschwand wenige Tage nach dieser Aufnahme zeitgleich mit 20 anderen Kindern. Es ist anzunehmen, dass sie Opfer im Menschenhandel wurden.

Teil IV

Die Brückenkinder

Seit 1999 haben mehr als 100 Brückenkinder die Brücke verlassen und sich in Hilfsorganisationen begeben, ungezählte sind von sich aus oder unfreiwillig in andere Städte migriert. Diese Studie hingegen handelt von jenen Kindern, die zur Zeit der Feldforschung im Kontext der Brücke lebten. Sie versucht, den Umständen und Gründen ihres Daseins und Bleibens näher zu kommen und ihre Handlungsoptionen auszuleuchten.

Kinder, die sich auf der Brücke aufhalten, teilen zwar diesen Lebensraum und werden deshalb hier alle als Brückenkinder bezeichnet, die Ausgestaltung ihrer jeweiligen Erfahrungswelten - die Parameter ihrer generativen Themen und Handlungsstrategien - unterscheiden sich jedoch in vielen Punkten. Im Folgenden wird deshalb zwischen den 'Kindern auf der Brücke' (den Bettelkindern) und den 'Kindern der Brücke' differenziert und versucht, beobachtbare Gemeinsamkeiten zu beschreiben. Dass sich auch innerhalb einer Deskriptionskategorie die Realitäten der einzelnen Akteure sehr unterscheiden, sich in der Lebenspraxis die theoretischen Konstrukte überlagern und sich die individuellen Akteure nicht innerhalb solcher Eingrenzungen bewegen, sondern diese flexibel überschreiten, wird in den daran anschließenden Einzelfallstudien deutlich. Fragmentarisch werden im Zuge der Vorstellung der Kinder ihre Schlüsselthemen aufgegriffen und unter Berücksichtigung der situativen Zusammenhänge näher betrachtet.

Die 'Kinder auf der Brücke'

> "There are three types of *dek ree ron.*
> One type is kids whose parents force them to find money. The mothers say 'We have no rice now, go and find money.' The fathers say 'I want to use opium, I have no money, go and beg for money.' This is the first type." (Asan)

Die Altersspanne der Bettelkinder der Akha reicht vom Säuglingsalter bis zum 16. Lebensjahr. Die Anzahl der Bettelkinder auf der Brücke schwankt je nach Saison und Wochentag zwischen fünfzehn und über dreißig[1]. In Ferienzei-

[1] Das Limit des 'Marktpotentials' der Brücke wird dann überschritten, so dass auf umliegende Straßen, Märkte und Parkplätze ausgewichen oder nachts gearbeitet werden muss. Beliebte weitere Bettelorte sind neben der Brücke vor allem abends die beiden, der Brücke am nächsten gelegenen Seven Elevens (Minimärkte), vor deren Türen sich gute Erträge erzielen lassen. Dies lässt sich darauf zurückführen, dass die Passanten im Zusammenhang mit ihrem eigenen Freizeitkonsum (Seven Eleven verkauft viele Süßigkeiten) besonders spendabel sind, und dass Seven Eleven in Maesai westliche Konsumkultur repräsentiert, welche mit materiellem Wohlstand assoziiert werden. Die Haltung der Kunden wird durch

ten und an Feiertagen nimmt sie proportional mit der Touristenzahl zu. Unter den 'Ferienbettlern' sind viele Kinder, die sonst zur Schule gehen. An einkommensstarken Sonntagen allerdings bleiben viele der Akhakinder der Brücke fern. Der katholische Pastor Yaboyayas (der auch der dort tätigen NGO vorsteht) fordert ein Bußgeld[2] von jedem, der am heiligen Tag arbeitet.

Die Fluktuationsrate unter den Bettlern ist hoch, und nur wenige bleiben über mehrere Jahre hinweg. Regelmäßig kommen neue Kinder dazu, andere bleiben wieder weg, wechseln in andere Tätigkeitsfelder[3] oder begeben sich in eine der NGOs. Der seit Jahren täglich anwesende 'harte Kern' der Brückenbettler besteht aus sieben bis zehn Kindern und ihren Müttern.

Strategien des Bettelns auf der Brücke

Im Laufe der Jahre wurden Strategien des Bettelns auf der Brücke entwickelt, die sich zwar in einem permanenten Modulationsprozess befinden, in ihren Grundstrukturen jedoch einen Pool praxisbezogenen Wissens bilden, der von einer Generation an die nächste weitertradiert wird. Die Bettelkinder der ersten Generation, die mittlerweile Teenager sind, vermitteln ihren jüngeren Geschwistern und nicht-verwandten Kleinkindern bewährte Tricks und Kniffe - Strategien, die die Erfolgschancen beim Betteln erhöhen oder die Arbeit erleichtern - sowie Kenntnisse um Risiken und Gefahren.

Durch langjährige Erfahrung wurde auch ein Wissen darüber entwickelt, welche 'Figur' der Selbstinszenierung am wirksamsten ist. Da ihre Selbstdarstellung immer auf die Erzeugung einer gewünschten Gegenreaktion des Handlungspartners - des potentiellen Spenders - ausgerichtet ist, lässt die Art und Weise, wie sich die Bettelkinder heute präsentieren, Vermutungen über die Vorwegannahmen der Handlungspartner zu. Ihr Verhalten erscheint als ein Versuch der Empathie in die ihnen entgegengebrachten Erwartungen.

Es lässt sich beobachten, dass sich in der Inszenierungsweise der Bettelkinder auf der Brücke Parallelen finden lassen zu Figuren von Straßenkindern in der

---

den 'Luxuskonsum' zugunsten der Bettler beeinflusst, die in diesem Kontext ein krasses Gegenbild abgeben.

[2] In Höhe von 500 Baht.

[3] Neben den Brückenkindern arbeiten viele andere Kinder im Grenzort: Sie sammeln Müll, den sie an Recyclingstellen verkaufen; sie handeln mit illegalen CDs und Zigaretten, die Mädchen verkaufen Blumen und kleine Spielzeuge. Ihre Arbeitsorte sind die Straßen und Märkte in naher Umgebung. Daneben gibt es Kinder in Lohnarbeit, die in thailändischen Fabriken, auf Farmen, Baustellen und in Restaurants Anstellung finden, und andere, die für ihre Eltern in der Produktion und dem Verkauf landwirtschaftlicher Erzeugnisse arbeiten. Die allermeisten von ihnen kommen aus Myanmar - unter ihnen sind viele Kinder muslimischer Familien, Kinder der Shan, Bamar und anderer ethnischer Gruppen. Auch die Bettelkinder der Brücke arbeiten zuweilen in diesen anderen 'Berufen'.

abendländischen Literatur, und zu jenen Repräsentationen von 'Straßenkindern', die im Zuge von Wohlfahrt und Entwicklungshilfe durch Massenmedien globale Verbreitung finden.

In der neueren europäischen Literaturgeschichte wird die Idee des 'Straßenkindes' oder des 'verwilderten, wilden Kindes' unter anderem durch prominente Figuren wie Huckleberry Finn[4], Pipi Langstrumpf[5], Momo[6] oder die Rote Zora[7] transportiert. Diese Kinder nehmen unter der Feder der Autoren bestimmte Charakterzüge an: Sie sind mutig, intelligent und auf eine erfrischend naive Weise tiefgründig weise; der ungeordnete Straßenraum wird ihnen zum Ort der freien Entfaltung, zum Ort der Freiheit von bürgerlichen Zwängen, wo die Phantasie durchatmen und in ihrer konstruktivsten Weise zum Tragen kommen kann. Die Beziehungen zwischen den einzelnen Kindern sind Freundschaft in ihrer wahrsten und reinsten Form. Kindheit außerhalb bürgerlicher Zwänge ist hier eine Lebensform, in der die sonst durch Kleinbürgerlichkeit unterdrückte Lebensenergie freigesetzt wird. Die Geschichten illustrieren zwar auch Härten des Lebens im gesellschaftlichen Abseits, doch sind diese niemals so geartet, dass die Helden daran zerbrechen könnten. Dieses Bild vom 'wilden Kind' ist vor allem als Kritik an der Wirklichkeit der eigenen bürgerlichen Gesellschaft zu lesen; es entwirft ein romantisches Gegenbild zum (Klein-)Bürger. Das wilde, aber edle, das arme, aber glücklichere Kind, der weisere Un-Bürger hat viele Gemeinsamkeiten mit dem 'Edlen Wilden' fern der eigenen Heimat.

Das dem exotischen Blick unterliegende Fremdheitsempfinden wird auch durch die stereotype Darstellung von Kinderelend in Werbekampagnen internationaler Hilfsorganisationen ausgelöst, in denen vor allem die defizitären Eigenschaften herausgestellt werden. 'Das Straßenkind' wird zum wehrlosen Opfer gesellschaftlicher Verhältnisse (vgl. Herrmanny 1997) - allein dieses Bild ist Aufruf zur Mildtätigkeit genug.

Der Held und das Opfer pflegen in beiden Darstellungsweisen jedoch einen ähnlichen Auftritt: Sie sind dreckig, in zerrissener Kleidung (vielleicht in geflicktem Röckchen oder mit kecker Schirmmütze), vor Armut können sie sich keine Schuhe leisten, sie trachten lediglich nach der Sicherung ihrer existenziellen Bedürfnisse: Sie bitten um Geld für Nahrung, Unterkunft, Kleidung und Medikamente.

Diese Bilder haben zwar nur begrenzt mit den realen Problemen der Lebensumstände von Kinder etwas gemein, die zitierten Stilformen jedoch haben sich

---

4 Twain 1884

5 Lindgren 1945

6 Die 'Prinzessin Momo' trägt bei Michael Ende eine alte, viel zu große Männerjacke, einen Rock aus bunten Flicken und wohnt in einer Ruine (Ende 1973).

7 Held 1991

als wirksame psychologische Strategie erwiesen, weshalb sie auch von den Brückenbettlern genutzt werden: Jedes Kind verfügt über eine spezielle Arbeitskleidung, die nach vollbrachtem Tagwerk wieder ablegt und gegen saubere und modischere Kleidung eingetauscht wird. Die Bettelkluft besteht aus besonders verschmutzten, zerrissenen Kleidungstücken in meist westlichem Stil, kombiniert mit einzelnen Accessoires aus den traditionellen Kostümen der Akha oder auch anderer ethnischer Gruppen[8]. Babies werden in Tragetüchern auf den Rücken gebunden und auch mal vorsätzlich zum Weinen gebracht, damit das vorgebrachte Argument des Hungerleids überzeugend wirkt.

Der Gestik des Bettlers liegt zugrunde, dass er einerseits möglichst unterwürfig erscheinen will, damit das Gegenüber sich um so mächtiger fühlt, dabei aber so aufdringlich wie möglich sein muss, um auszuschließen, einfach übersehen oder übergangen zu werden.

Als Aufhänger der Kommunikation geben die Kinder den ortsunkundigen Passanten oft den höflichen Hinweis, dass die Straßenseite zu wechseln sei, um zur richtigen Passkontrolle zu gelangen[9]. Dann folgen die Kinder mit ununterbrochenen Wais[10], bittend-leidvollen Mienen und emporgestreckten, geöffneten Händen dem Weg der Grenzgänger über die Brücke. In ihrer Wahl der Anzusprechenden bevorzugen sie jene, die sie als freigiebig einzuschätzen gelernt haben: Dazu gehören vor allem ausländische Touristen (außer wenn es sich um Gruppenreisende handelt, die in der Regel von ihrem Fremdenführer eine Anweisung bekommen, nicht auf die Kinder einzugehen) und Thais urbaner Mittel- und Oberschichten. Anhand von Kleidungs- und Verhaltensstilen sind sie für die Kinder leicht in der Menschenmenge auszumachen. Auch Mönche werden mitunter angesprochen, jedoch nur mit gelegentlichem Erfolg. Passanten aus Myanmar, Grenzbeamte und als Bewohner der Grenzorte identifizierte Personen werden von den Kindern nicht angebettelt.

Eine weitere Taktik kann zum Einsatz kommen, wenn fotografiert wird - was an der Brücke nahezu ununterbrochen geschieht. Um auf sich aufmerksam zu machen, springen die Kinder ins Bild. Nahezu alle westlichen Touristen reagieren darauf belustigt und wohlwollend, viele Thais und Asiaten hingegen empfinden dies als störend und reagieren gereizt. Fremdländische Kinder gelten als begehrte Foto-Objekte in abendländischen Tourismuskulturen, die Schnapp-

[8] Es gibt unter den 'Bergvölkern' verschieden prominente Gruppen, unter denen die Akha unter den ersten rangieren, schon aufgrund des auffälligen traditionellen Kopfschmucks der Frauen. Daneben gibt es Stücke anderer Gruppen, wie z.B. Hüte der Lisu und Mädchenröcke der Hmong, die zu beliebten Touristensouvenirs geworden sind und als Symbole der 'Bergvölker' schlechthin rangieren, z.B. auch in Thailands internationalem Tourismusmarketing. Diese Symbole fügen auch die Brückenkinder ihrem Stil zu.

[9] In den beiden Ländern gelten unterschiedliche Verkehrsysteme: Während Thailand Linksverkehr hat, fährt man in Myanmar auf der rechten Straßenseite.

[10] Thailändische Geste des Respekts, zu der man die Hände vor der Brust bzw. vor dem Gesicht faltet und das Gesicht zu den Fingerspitzen hin senkt.

schussjäger sind aber in der Regel nicht dazu bereit, im Gegenzug das Foto-Objekt zu bezahlen[11]. Besonders die jüngeren Brückenkinder setzen sich nichtsdestotrotz vor der Kamera gerne in Szene - posieren dabei in der, von den Kindern als obligatorisch erachteten Fotogeste: mit vor dem Mund gespreiztem Daumen und Zeigefinger. Digitalkameras sind besonders beliebt, weil man das aufgenommene Bild sofort betrachten und die Inszenierung wiederholen und korrigieren kann. Obwohl die Fotografen solche Aufnahmen in der Regel nicht entgelten, lassen sie sich von den Kindern oft für eine Spende erweichen.

Bettler bedürfen großer Selbstsicherheit, da die Tätigkeit des Bettelns unzählige Kontaktaufnahmen erfordert und aus kommunikativen Situationen besteht, die große Machtgefälle beinhalten. Ein Bettler erfährt täglich viele Gesten der Zurückweisung und Abwertung und befindet sich dabei in der Rolle desjenigen, der nichts erwarten darf, dem nichts zuzustehen scheint - nicht einmal, respektvoll behandelt zu werden. Der Bittende steht der Übermacht des Gönners gegenüber. Betteln ist deshalb extrem anstrengend.

Die Bettelkinder der Brücke fühlen sich jedoch nicht als hilflose Opfer und empfinden Betteln nicht als letztes Hilfegesuch, sondern als einen Beruf. Angesichts der eklatanten Wohlstandsunterschiede zwischen ihnen und den Besuchern erklären sie ihren Anspruch, am Reichtum der anderen teilhaben zu wollen, als rechtmäßig - und den 'Reichen' damit als verpflichtet, seiner Rolle als Geber gerecht zu werden. Dieser hingegen interpretiert diese Situation nicht in der gleichen Weise.

Bei den Kindern löst ihre Ohnmachtstellung in dieser Konstellation Gefühle von Wut, Hass, Verzweiflung, irgendwann auch Selbsthass und Depression aus. Da der Aggressor jedoch unantastbar bleibt, werden solche Emotionen auf andere Ziele umgeleitet oder gegen die eigene Person gerichtet, unterdrückt und betäubt. Manche Kinder suchen deshalb Abstand zum Bettlerberuf und bevorzugen alternative Wege des Erwerbs von Einkommen, in denen sie eigenmächtiger handeln können (z.B. durch Handel mit Drogen und Schmuggelware). Oder sie nehmen Gelegenheiten innerhalb ihres sozialen Gefüges wahr, einflussreiche und machtvolle Positionen zu besetzen (z.B. Verantwortung für andere zu übernehmen oder aber ihre Handlungsgewalt gegenüber noch machtloseren Akteuren zu missbrauchen).

[11] Christiane Schurian-Bremecker (2002) beschreibt die touristische Fotografie westlicher Reisender als aggressiven Akt, als ein Beuteverhalten, das neokolonialistische und rassistische Motivationshintergründe habe (S. 181, 182, 186). Sie erklärt, dass bevorzugt Kinder abgelichtet werden, weil sie in der als Angst einflößend erlebten Fremde weniger bedrohlich wirkten als Erwachsene. Außerdem sei das schlechte Gewissen der Fotografen, wenn sie ungefragt Fotos schießen, bei Kindern als fotografischen Objekten geringer, weil Kindern noch weniger Subjekt-Status zugestanden werde als fremden Erwachsenen (S. 185).

Nicht nur diese Situationskonstellation ist durch das Ohnmachterleben der Kinder gekennzeichnet. Auch andere ihrer Lebensbereiche sind von Erfahrungen der Machtlosigkeit und der Verletzung der persönlichen Integrität durch Gewalteinwirkung durchsetzt. Gewalterfahrungen finden sowohl auf struktureller als auch auf personifizierter Ebene statt, in sowohl physischen als auch psychischen Dimensionen. Manche Gewalt vollzieht sich subtil, ungreifbar, leise zermürbend, langsam zersetzend. Manche andere bricht brachial und unmittelbar existenzbedrohend herein.

Viele Kinder versuchen, das Setting ganz zu verlassen (in eine NGO oder in einen anderen Ort) oder sich innerhalb des Brückengefüges größere Handlungsfreiräume zu erschließen (z.B. durch die Loslösung von unterdrückenden familiären Verhältnissen). Andere versuchen, den Widrigkeiten ihres Lebens positive Ressourcen entgegen zu setzen, die sie in ihrem Lebensumfeld vorfinden: Freundschaften, Familienbande, soziale Rollen, in denen sie ihre Kompetenz und Stärke fühlen: Von Opfern machen sie sich zu Königen der Straße, von Außenseitern der bürgerlichen Gesellschaft zu unabhängigen, freiheitsliebenden Grenzgängern, von Unter- zu Überlegenen. In der Gemeinschaft von Gleichdenkenden wird eine solche Wahrnehmung zur intersubjektiv erfahrbaren Tatsache und durch die Wirkung eines regelmäßigen gemeinsamen Drogenkonsums in ihrer Plausibilität bestärkt.

Kinderportraits

Die folgenden Kinderportraits stellen einen Versuch dar, die Impressionen, die ich bei den Zusammenkünften mit den beschriebenen Personen gehabt habe, die Angaben, die sie mir gemacht haben und die Sachverhalte, die ich anderweitig erfahren habe, zu erzählbaren Bildern zu verdichten. Dabei wähle ich aus und fasse zusammen, lasse weg, was mir unwichtig oder zu unscharf erscheint, um es darstellen zu können.

Ziel der Portraits ist es, Einblicke in die Erfahrungswelten der Brückenkinder zu ermöglichen, ihre alltagsrelevanten Themen sowie ihre Betrachtungs- und Deutungsweisen sichtbar werden zu lassen.

Michi

Michi ist vierzehn Jahre alt. Seit dreizehn Jahren arbeitet sie zusammen mit ihrer Mutter und ihren Geschwistern auf der Brücke. Das Leben dort sei langweilig und anstrengend, sagt sie. Gerne würde sie zur Schule gehen, aber ihre Mutter lässt sie nicht. Sie muss Geld verdienen und helfen, die Familie zu ernähren.

Eigentlich ist sie schon zu alt zum Betteln. Die Leute geben ihr nicht mehr viel. Nur von Ausländern kann sie etwas bekommen, wenn sie ihre kleine Schwester auf dem Rücken trägt. Außer ihr betteln vier ihrer jüngeren Geschwister. Zwei davon gehen während der Woche zur Schule. Michi beaufsichtigt die jüngeren beim Betteln und erbettelt selbst was sie kann. Zusammen erwirtschaften die Geschwister das gesamte Einkommen der Familie. Die Mutter sitzt dabei immer etwas abseits und kontrolliert aus der Ferne, dass ihre Kinder arbeiten und nicht nur herumspielen. Wenn die Geschwister Essen und Getränke geschenkt bekommen, bringen sie es der Mutter. Sie hebt alles auf bis zur Mittags- oder Abendessenszeit, dann essen alle zusammen. Wenn nicht genug zusammen kommt, kaufen sie am Straßenstand thailändische Gerichte. Die Kinder dürfen sie aussuchen. Morgens und abends laufen sie gemeinsam den Weg vom oder zum Dorf.

Die Mutter von Michi ist im Dorf und auf der Brücke für ihre Fürsorglichkeit bekannt. Neben ihren eigenen nimmt sie oft andere Kinder aus dem Dorf mit und beaufsichtigt sie anstelle der anderen Mütter. Sie integriert diese Kinder in die Alltagsrituale ihrer Familie. So wie sie nimmt auch der Vater keine Drogen. Er stellt damit eine der Ausnahmen des Dorfes Yaboyaya dar, in dem die Akhafamilie wohnt. Tagsüber bleibt er meistens zuhause, nur manchmal findet er eine Anstellung als Hilfskraft.

Michis älteste Schwester Aya lebt im Mädchenhaus der Organisation, die auch das Drop-In Center nahe der Brücke in Maesai betreibt. Dort - wo der Mae Saai in den großen Mae Khong mündet[12] - sind inzwischen auch ihre Freundinnen, die älteren Mädchen, die früher zusammen mit Michi auf der Brücke arbeiteten. Von den Brückenmädchen ist Michi jetzt die älteste.

Das Bettlerimage wird ihr zunehmend zuwider. Sie weigert sich, dreckige Kleidung zu tragen, ist immer sorgfältig mit Tanaka geschminkt, und das riesige Gesicht eines gepiercten Babies mit grüner Irokesenfrisur ziert ihr Lieblings-T-shirt. Sie möchte auch ins Mädchenhaus. Die Mutter lässt sie bisher aber nicht gehen, das ärgert Michi - aber was soll sie machen? In einem Jahr, sobald ihre kleine Schwester - die sie jetzt zum Betteln noch auf dem Rücken trägt (obwohl sie schon selbst laufen kann) - selbstständig betteln kann und Michi endgültig zu alt für diese Arbeit geworden ist, wird die Mutter sie gehen lassen. Sie freut sich darauf, wieder mit ihren Freundinnen zusammen sein und zur Schule gehen zu können.

Wenn ich frage, was sie sich für ihre Zukunft wünscht, antwortet Michi einsilbig. Ein Leben, wie ein 'normales' Kind es hat, sagt sie. Was das heißt? In einem Haus wohnen, zur Schule gehen. Später dann selbst Kinder haben und einen guten Ehemann; ein bisschen Geld - soviel, dass sie nicht betteln gehen muss.

In ihren Zeichnungen (siehe Anhang 4) werden ihre Pläne sichtbar. Auf einem Blatt zeichnet sie sich in kurzem Rock, in Ballerinaschühchen, mit Hals-

[12] 'Mae' heißt 'Fluss' in der thailändischen, laotischen und Shan-Sprache. Der Mae Saai ist der west-östlich verlaufende, der Mae Khong der nord-südlich verlaufende Grenzfluss im Länderdreieck Myanmar, Laos, Thailand.

schmuck und kurzem Top. Links oben in der Ecke des Blattes hat sie die angefangene Skizze zweier sich küssender Menschen durchgestrichen.

In einer anderen blattfüllenden Bleistiftzeichnung sieht man Michi von hinten, wie sie Herzen von einem Baum pflückt, an dessen Zweigen rote Blüten blühen, und auf dem ein roter Vogel sitzt. Ein Hase unter dem Baum wirft Blumen in die Luft. Die nur angedeuteten, dünnen Wurzeln des Baumes ragen ins Leere; die Krone hingegen ist ausladend und rund und wird von fünf starken Ästen getragen.

Farbig und vielfältig sind die Motive im dritten Bild. Es zeigt sie in Umarmung mit ihrer Freundin vor dem Mädchenhaus am Länderdreieck. Geflügelte Herzen, eine Blume und Schmetterlinge steigen zwischen ihnen auf. Drei weitere Mädchen, winzig dargestellt, knien vor ihnen. Eine reicht dem Paar eine Blume. Im Fluss vor dem Haus gibt es zwei badende Mädchen, mit wallendem Haar, eine ist eine Nixe mit dem Unterleib eines Fisches. Daneben sind Fische und Krebse zu sehen. Hinter der Personengruppe befindet sich ein Gebäude. Trotz Außenansicht ist im oberen Stockwerk ein Bett dargestellt, in dem zwei Menschen liegen. Die Buntstiftstriche, welche die Bleistiftkonturen ausfüllen, sind sacht, Weiß schimmert hindurch. Das Blatt ist ganz ausgefüllt, alles ist bunt. Nur die Gesichter der Figuren sind weiß.

Erläuterungen

Michi kommt, seit sie denken kann, jeden Tag, außer an Sonntagen, zur Brücke. In ihrer Familie gilt die Brücke als Arbeitsort. Auf der Brücke findet aber auch täglich das Familienleben statt: Jeder hat seine Aufgaben und geht ihnen nach. Die Arbeit hat ihren Sinn und ihre Ordnung, sie findet in Gemeinschaft statt, jeder trägt das Seine dazu bei, dass die Familie lebt.

Dass beim Betteln die Jüngeren mehr tun müssen als die Älteren, ergibt sich aus dem Umstand, dass Passanten ihnen mehr Geld geben. Dass der Vater nicht hilft, ist auch folgerichtig, denn er ist der Vater. So sind die Verhältnisse in fast allen Familien, die Michi kennt.

Michis Leben ist planbar, auch in die Zukunft hinein. Brückenleben, weiß Michi, gehört in eine bestimmte Lebensphase. Danach beginnt eine Zeit, in der sie zur Schule gehen und, von der Familie getrennt, mit anderen Mädchen zusammenleben wird. Die Eltern wird sie in den Ferien besuchen. Die Dinge haben für Michi eine Ordnung, mit der sie gut leben kann.

Amina[13]

Sie liebe ihre Familie, sagt Amina, deshalb sei sie auf die Brücke zurückgekehrt. Zu ihrer Familie gehören ihr älterer Bruder Yamue, der Vater, die Mutter und der kleine Bruder Agoe. Solange Amina lebt, arbeitet sie mit ihren Geschwistern auf der Brücke, die Mutter wacht im Hintergrund und verkauft Yaa Baa, die 'Medizin, die verrückt macht'[14]. Zuerst wurde sie von Yamue auf dem Rücken getragen, seit sie aber laufen kann, bettelt sie alleine. Sie ist gut darin. Von allen Kindern verdient sie am meisten. Es erfüllt sie mit Stolz, am Abend mit der Mutter die Münzen zu zählen und sie dem Vater zu überreichen. Sie trägt Verantwortung und erhält dafür das Lob der Eltern und die Anerkennung des Bruders. Die Eltern haben sonst keine Arbeit, der Vater ist zu schwach. Vom Rauchen, weiß sie, aber das sei normal.

Sieben ihrer elf Lebensjahre lang hat sie zusammen mit Yamue auf der Brücke gearbeitet. Es gab Zeiten, da konnten die Geschwister abends nicht nach Hause: weil die Grenze geschlossen wurde, als sie gerade drüben in Thailand waren; oder weil die Polizei besonders streng war; oder weil das Geschäft abends so gut lief, dass sie über Nacht in der Stadt blieben. Dann schlief Amina mit den anderen Brückenkindern zwischen den leeren Marktständen oder unter der Brücke. Dabei musste sie sich einiges gefallen lassen. Die neugierigen Jungen waren nicht zimperlich mit ihr. Sie fassten sie an, das fand sie unangenehm, aber sie ließ die Teenager gewähren. Sie musste ja doch bei ihnen bleiben, alleine wäre es viel zu gefährlich. Yamue war der Meinung, das mit den Jungen sei schon okay, das machten Große auch.

Vor über einem Jahr ist sie Kru Ngaow nach Baan Nana gefolgt, wo schon viele ihrer Freunde sind und zur Schule gehen. Sie kennt Kru Ngaow schon lange und liebt ihn wie ihren eigenen Vater. Sie hatte den Vorsatz, nicht wieder zur Brücke zurückzukehren. Kru Ngaow sagt, dies sei kein guter Ort für sie. Sie fand die Arbeit anstrengend, wollte zur Schule, mit den anderen nachmittags spielen und abends fernsehen. Im Shelter von Baan Nana verliebte sie sich in den Mitarbeiter Mo. Er ließ sie manchmal in seinem Zimmer übernachten. Dass Mos ehemalige Freundin, eine ehemalige Volontärin Baan Nanas, plötzlich schwanger aus Singapur zurückkehrte und Mo mit ihr zusammenzog, war für

---

[13] Die Informationen über Amina stammen aus unterschiedlichen Quellen. Es fanden zu verschiedenen Zeitpunkten informelle Gespräche statt, wenn ich jedoch bat, aufnehmen zu dürfen, wurde sie einsilbig (für ein Interviewbeispiel siehe Anhang 4). Da sie lange in Baan Nana gelebt hatte, war dessen Leiter Kru Ngaow ein wichtiger Informant. Auch von anderen Brücken- und Shelterkindern erhielt ich Informationen.

[14] Die thailändische Bezeichnung für Amphetamine ist 'Yaa Baa' ('die verrückt-machende Medizin').

Amina ein schwerer Schlag. Sie verließ das Shelter, kam aber nach ein paar Monaten zurück.

"Eigentlich macht mir Betteln keinen Spaß", sagt sie, "in Childlife ist es viel lustiger, ich habe viele Freunde dort; ich mag es, zur Schule zu gehen; mag es, Bilder zu malen und zu singen. Ich bin eine gute Schauspielerin. Betteln ist anstrengend. Und langweilig. Es ist heiß auf der Brücke. "

Wenn Amina im Shelter war, ließ Yamue ihr regelmäßig Nachrichten übermitteln, sie solle nach Hause kommen, die Familie vermisse und brauche sie. Yamue ist mit seinen 15 Jahren fürs Betteln schon recht alt für. Zurzeit bringt er dem kleinen Bruder, Nasiu, das Betteln und andere Kniffe bei. Mit seinen vier Jahren ist Nasiu schon überall mit dabei. Er kann schwimmen, weiß, wie man diejenigen Leute erkennt, von denen man mit hoher Wahrscheinlichkeit Geld bekommen kann, welche Farben von Polizisten bedrohlich sind, dass er nicht weinen darf, wenn er Angst hat. Er kennt sich aus mit Klebstoff und ist ein alter Hase im Zigarettenrauchen.

Als ich Amina 2006 auf der Brücke wieder treffe, sind gerade Schulferien[15]. In Baan Nana hatte sie verlangt, zu ihrer Familie zurückkehren zu dürfen - eine Bitte, die Kru Ngaow ihr schwer abschlagen konnte, auch wenn er nicht einverstanden war. Wenn sie schon nicht zur Schule geht, dann kann sie auch arbeiten, denkt sie. Mit den anderen Kindern den ganzen Tag im Shelter zu spielen und zu baden, bereitet ihr schlechtes Gewissen. Zum Ende der Ferien werde sie bestimmt zurückkehren, versichert sie Kru Ngaow.

Wenn Amina da ist, kann Yamue mit seinem Vater zuhause bleiben oder mit den anderen Jungen auf der Brücke herumhängen. Unter ihnen gilt er als 'good boy'. Er schnüffelt zwar auch und weigert sich, in eine NGO und in die Schule zu gehen, ebenso lehnt er jedoch andere Jobs ab, denen die 'Jungen der Brücke' nachgehen. Mit Diebstahl und Kinderhandel will er nichts zu tun haben. Auch den kleinen Kindern das erbettelte Geld einfach wegzunehmen, findet er nicht fair. Von den älteren Jungen wird er nicht für voll genommen, dafür ist er bei den Kleinen beliebt.

Der amerikanische Mann mit dem weißen Bart ist auch dieses Jahr wiedergekommen. Sie mag ihn, sagt Amina; dass er ihr Vater sein will, findet sie ein bisschen merkwürdig. In seinem Hotel sei sie noch nie gewesen - dabei schaut sie zu Boden. Sie weiß, was ich denke. Aber gefragt habe er sie schon. Dann wechselt sie das Thema.

An einem Montag im Mai 2006:

Helle Aufregung auf der Brücke. Kinder und Mütter stehen am Zaun, reden durcheinander, die Frauen diskutieren mit sich überschlagender Stimme. Amina ist verschwunden. Ihr Bruder Yamue hockt niedergeschlagen auf dem Geländer,

[15] Für einen Auszug aus einem Gespräch mit Amina zu diesem Zeitpunkt siehe Anhang 5.

heute ganz nüchtern. Wo seine Eltern wären, und ob die wüssten, wo das Mädchen sei, frage ich. Die Mutter, sagt Yamue, sei wie immer dort drüben auf der anderen Seite. Sie beobachte diese Szene. Als sie merkt, dass wir über sie sprechen, winkt sie zu uns herüber. Wo Amina sei, wisse sie auch nicht. "Hast du Amina gesehen?", fragt mich Aga, der atemlos von der Brücke her kommt - letzte Nacht ist er aus Baan Nana weggelaufen. Seine Augen sind gläsern, der Blick neblig, in der Hand hält er eine durchsichtige Plastiktüte mit einer offenen Dose Klebstoff darin.

Amina ist seit 28 Stunden nicht gesehen worden. Sie verließ morgens wie gewöhnlich ihr Elternhaus und kam auf die Brücke. Seit den gestrigen Mittagsstunden hat sie keiner mehr gesehen. Obwohl heute die Schule wieder angefangen hat, war sie auch nicht nach Baan Nana zurückgekehrt.

Vermisst wird auch noch ein anderes Mädchen. In letzter Zeit sind öfter Kinder verschwunden, jedes Mal war die Aufregung so groß wie heute. Sie könnten aber auch von einer NGO mitgenommen worden sein. Die Mutter beauftragt eine dritte Person, nach den Kindern zu suchen. Diese wird fündig im Mädchenhaus am Länderdreieck. Nein, niemand habe sie mitgenommen, gibt Amina zu. Sie sei von alleine gegangen. Sie habe es nicht mehr ausgehalten auf der Brücke. Am Mittag habe ein Thaimädchen, das mit seinen Eltern auf einem Ausflug die Brücke überquerte, sie als dreckigen Hund, als elende Bettlerin beschimpft. Sie wollte dann nur noch weg und ist ins Drop-In Center gelaufen. Dort bereiteten sich gerade alle auf die Abfahrt zu einem Christencamp vor, so kam es, dass sie mitfuhr - um mal wieder was anderes zu sehen und ein bisschen Spaß zu haben.

Vier Tage später ist sie wieder bei ihrer Familie und kommt wie gewöhnlich zur Arbeit. Was jetzt mit der Schule sei und ihren Plänen, nach Baan Nana zurückzukehren, frage ich sie. Nein, sie habe es sich jetzt anders überlegt, sagt sie verlegen. Sie könne ja abends zuhause lernen. Die Mutter will sie unterrichten - die Lehren der Akha.

Erläuterungen

Als Hauptverdienerin hat Amina eine zentrale Stellung in ihrer Familie inne. Sie ist für die anderen Familienmitglieder unersetzlich. Das weiß sie, sie bekommt Lob und Anerkennung, das erfüllt sie mit Stolz - manchmal wiegt die Verantwortung aber auch wie eine schwere Last.

Ein Teil von ihr wünscht sich etwas anderes. Sie hat die abwertenden Reaktionen gegen sie als Bettlerin gestrichen satt, ihre alten Freundinnen sind alle schon in Baan Nana: Schule, keine Arbeit, saubere Kleidung, das seien die Merkmale eines Lebens, wie es sein solle, sagen sie und sagt Kru Ngaow. Amina verehrt ihn wie ihren eigenen Vater.

Auch in Baan Nana ist sie angesehen, viele Male war sie jeweils für einige Monate dort. Von den anderen Kindern wird sie geschätzt, weil sie lebendig und sozial engagiert ist, weil sie zwar manchmal spöttische, doch meistens freundliche Worte findet und fair ist. In der Schule kann sie trotz ihrer Fehlzeiten immer mithalten, blüht als Schauspielerin in Theaterprojekten auf und wird um ihre Zeichenkünste und Singstimme beneidet. In der Gemeinschaft der Kinder Baan Nanas fühlte sie sich heimisch, wäre da nicht das Aber: die Entscheidung gegen ihre Familie, die sie treffen müsste, wenn sie sich auf Dauer ins Shelter begäbe. Wenn sie pflichtgerecht handeln will, muss sie an der Brücke bleiben - im Shelter geben ihr die Schuldgefühle keine Ruhe.

Sie versucht deshalb einen Kompromiss zu finden: Sie arbeitet in den Ferien und bleibt zu Schulzeiten der Brücke fern. Es ist eine Gratwanderung, denn im Shelter misstraut man ihrem Wunsch nach 'Heimaturlaub', und im Angesicht ihrer Familie und der Brückenmenschen erscheint ihr das Privileg, wählen zu können, selbstsüchtig.

Sie hat gelernt, sich dem Willen älterer Männer zu fügen. Wenn sie sich an diese Regel hält, ist sie ein akzeptiertes, geliebtes Gemeinschaftsmitglied. Obwohl sie sich als eigenwilliger, energischer Sturkopf präsentiert, ist sie gehorsam und versucht jederzeit zu tun, was von ihr verlangt wird. Auch wenn es unangenehm ist, kann sie sich selbst zurückstellen. Sexueller Missbrauch ist lediglich die Spitze jenes Eisbergs von Gewalt, die sie hinnimmt. Jeder Akt von Gewalt über sie zeigt ihr ihre Ohnmacht, ihre Abhängigkeit.

Dem setzt sie ihre selbststärkenden Strategien entgegen. Wenn es ihr zuviel wird, nimmt sie sich Auszeiten und widmet sich Tätigkeiten, in denen sie wieder Kraft gewinnt, um schwierige Anforderungen zu bewältigen.

Dass der Spagat zwischen ihrer Familie und Baan Nana sie aufzehrt, weiß sie. Sie weicht den Sozialarbeitern aus, weil deren Argument, das Leben an der Brücke zerstöre sie auf lange Sicht, auch aus ihrer Sicht schwer wiegt.

Gender auf der Brücke

Es ist kein Zufall, dass die als 'Kinder auf der Brücke' beschriebenen Personen Mädchen sind, und dass zur Forschungszeit unter den 'Kindern der Brücke' ausschließlich Jungen anzutreffen waren. Denn wenn die 'Brückensozialisation' für Bettelkinder in sehr jungem Alter noch relativ ähnlich verläuft, sind mit zunehmendem Alter immer größere Genderdifferenzen festzustellen. Zum dauerhaften und vermehrt eigenbestimmten Lebensraum wird die Brücke eher für Jungen als für Mädchen. Während die Anteile von Jungen und Mädchen bei den sehr jungen Brückenkindern ungefähr gleich sind, werden die Differenzen mit dem Alter immer größer. Die je besonderen Geschlechterideale und die daraus hervorgehenden unterschiedlichen sozialen Erwartungen an weibliche und männliche Menschen bedingen die Verschiedenheit der Lebensbedingungen und der Erziehung von Mädchen und Jungen.

Ziel der Erziehung von Mädchen ist die Bindung an familiäre Strukturen, an intime und sozial stark kontrollierte Lebensräume. Dass sowohl eine verinnerlichte Abhängigkeit als auch äußere (Arbeits-) Zwänge Mädchen stärker als Jungen an die familiale Lebenswelt binden, stellt der Erziehungswissenschaftler Jürgen Zinnecker (1997) in seinen Betrachtungen zu Straßensozialisation für den europäischen Kontext fest (ebd. S.102).

In Familienstrukturen südostasiatischer Zusammenhänge kommt eine Form des Patronen-Klienten-Prinzips, welches viele Arten personaler Beziehungsmuster durchzieht, in deutlicher Ausprägung hinzu: Respekt, Gehorsam und Dankbarkeit gegenüber älteren, statushöheren Personen sowie die Notwendigkeit, empfangene Dienste mit Gleichem zu vergelten, zählen zu den Grundelementen dieses Prinzips. Daraus resultiert eine Beziehungsqualität, in der Sicherheit mit Abhängigkeit einhergeht, die von einer umfassenden moralischen und praktischen Verpflichtung gegenüber dem Patron durchzogen ist. Im Fall der Familie kommt den Töchtern die Verantwortung zu, für die alternden oder hilfsbedürftigen Eltern aufzukommen, während für Jungen andere Formen der Schuldbegleichung vorgedacht sind[16] (vgl. Montgomery 2000 und Mulder 1979). Für Mäd-

[16] In buddhistischen Gesellschaften steht dieses Modell in unmittelbarem Zusammenhang mit dem buddhistischen Menschenbild: Männer haben eine höhere Reinkarnationsstufe erreicht als Frauen, so dass sie, in der Regel über den Weg der Ordination, potentiell ins Nirvana eingehen könnten, was für Frauen in dieser Reinkarnationsstufe ausgeschlossen ist, weshalb sie auch nicht ordiniert werden. Aufgabe für alle ist es, ein gutes Karma zu erreichen, um eine gute Reinkarnation zu erlangen. Dies geschieht durch den Erwerb 'karmetischer Verdienste', *tham bun* in Thai. Den größten 'Verdienst' bringt die Ordination in den Sangha. Da Mütter selbst nicht ordiniert werden können, erwirbt der Sohn aus seiner Dankesschuld heraus stellvertretend für seine Mutter diesen Verdienst durch seine in der Regel dreimonatige Ordination zum Ende seiner Adoleszenz und ist damit von weiteren Verantwortlichkeiten entlastet.

chen bedeutet deshalb die Lösung von den Eltern einen ungleich schwierigeren Schritt als für Jungen. Für sie kommt das Zurücklassen der Eltern einem Verrat gleich und macht sie zu unmoralischen Menschen.

Dass die Mädchen schon in sehr jungem Alter soziale und ökonomische Verantwortung tragen, stärkt ihr Selbstbewusstsein, ihre Umsichtigkeit und ihr Zutrauen in ihre eigene Lebenstüchtigkeit. Ihre Mehrbelastung bedeutet für sie zwar keinen automatischen Gewinn an nominellem Status, der Umstand aber, dass sie nun um so wirkmächtigere Positionen im Sozialgefüge innehaben, stärkt ihren Mut zur Bewältigung künftiger Problemstellungen. Zu 'Mädchen der Brücke' werden vor allem solche Mädchen, deren Eltern eine ausgeprägt indifferente Haltung einnehmen, oder jene, die überhaupt keine Familienanbindung mehr haben.

In den letzten zehn Jahren hat sich in der thailändischen Provinz Chiangrai (zu deren Einzugsbereich Maesai gehört) eine NGO-Landschaft entwickelt. Nur wenige dieser Organisationen arbeiten mit der rechtlich kompliziert handzuhabenden staatenlosen Hochlandbevölkerung und den illegalen Migranten im Grenzgebiet zusammen. Die Mehrzahl dieser Institutionen richtet ihre Arbeit auf die Bedürfnisse von Mädchen aus, weil sie als die verletzbarste Gruppe gelten, weil die Themen Human Trafficking und Zwangsprostitution auf internationalen Entwicklungsagenden ganz oben stehen. Die Wahrscheinlichkeit, dass Brückenmädchen eher früher als später in eine dieser Organisationen geholt werden, ist um ein Vielfaches größer als bei Jungen.

Menschenhandel und Zwangsprostitution sind für Mädchen ungleich größere Risiken als für Jungen. Die acht Kinder, welche 2005 an der Brücke Menschenhändlern zum Opfern fielen, waren ausnahmslos weiblichen Geschlechts.

Und auch der Alltag auf der Brücke birgt für Mädchen genderspezifische Bedingungen, die nur schwer oder unerträglich sind. Sexuell genötigt werden Brückenmädchen nicht lediglich durch Außenstehende, sondern auch durch Akteure der Brücke, darunter 'Jungen der Brücke'.

Die Mädchen können in solchen Fällen kaum Unterstützung aus ihrem Umfeld erwarten: So wie Amina von ihren 'Peers' des Nachts unter Billigung ihres Bruders genötigt wurde, so sieht sich jedes Brückenmädchen regelmäßig vergleichbaren Übergriffen ausgesetzt. Dies ist ein weiterer Grund dafür, dass Mädchen sich selten freiwillig für ein Leben als 'Mädchen der Brücke' entscheiden.

Dem Missbrauch von Mädchenkindern wird im Umfeld der Brücke in der Regel indifferent begegnet, nur vereinzelt machen sich Erwachsene dagegen stark. Eine der Ausnahmen bildet Michis Mutter[17], die zum Beispiel eines Spät-

---

[17] Sie verhält sich, wie im Portrait Michis (V.1.2.1) beschrieben, auch hinsichtlich anderer Aspekte im Vergleich zu Eltern anderer Brückenkinder untypisch.

nachmittags einschritt, als sich ein Mann mittleren Alters, der die Mädchen einige Tage zuvor belästigt hatte, den Kindern näherte:

> Die Sonne steht schon schräg, als Aching und Michi im Fluss baden. Sie springen von einem Vorsprung ins Wasser, bespritzen sich gegenseitig und kraulen lachend gegen die Strömung. Der betrunkene Mann hat einen ausgeklappten Pepsikarton wie einen Umhang über Kopf und Schultern gelegt, er tritt oben ans Brückengländer und ruft den Badenden anzügliche Sprüche zu. Michis Mutter, die etwas abseits mit ihren anderen vier Töchtern zu Abend isst, horcht auf und kommt näher. Wütend ruft sie dem Mann zu, er solle sich davon scheren. Der lacht nur und spuckt über das Brückengeländer auf die Kinder. Sie befiehlt ihren Kindern, aus dem Wasser zu kommen und sich nass, wie sie sind, anzuziehen. Der Mann pfeift durch die Zähne. Die Mutter hebt Steinbrocken auf und wirft sie in seine Richtung. Die Flugbahn endet auf halbem Weg, die Geschosse plumpsen ins Wasser. Sie feuert eine Salve Flüche hinterher. Der Mann lacht aber und dreht sich um zum Gehen.

Die darauf folgende Unterhaltung zwischen Jeab und den umstehenden Kindern gibt Hinweise auf die Haltungen der Brückenkinder zu diesem Thema.

Aching (f.; 7[18]): (empört) That man kissed me before. When I went over there he hugged me.

Jeab (f. ; 25): Did you run away?

Aching: Yes.

Jeab: Please tell me the story from the beginning. What happened?

Aching: I was wearing my T-shirt back to front. I started to take it off so that I could turn it around. And then he came and kissed me.

Jeab : Did he do anything else today?

Aching: No.

Jeab: Did you know what he wanted to do with you?

Aching: (nods her head)

Jeab: How many times did he do something like that with you?

Aching: *(looks down) - pause* - I want to tell you more. He called me 'my love'.

Aphu (m.; 15): Don't worry, I'll tell him not to do it.

Akhong (m.; 17): That guy loves her.

Aphu: Do you want to know what really happened?

Jeab: Yes.

Akhong (m.): Aching is angry that the guy kissed her. But he is her boyfriend. His name is Asimi. He came here from Chiang Rai. He's Lahu[19].

Aphu: Sometimes he stays in Thailand. Sometimes in Myanmar.

Akhong: Someone said that the police caught him and brought him here. Anye says that he didn't do anything wrong. He's not bad.

---

[18] Durch die Abkürzungen **f. /m.** (female/male) ist das Geschlecht der sprechenden Person vermerkt, die Ziffer gibt das Alter an.

[19] Eine andere, ebenfalls unter der Bezeichnung 'Bergvölker' gefasste, im Grenzgebiet siedelnde ethnische Gruppe

Aphu: He's not really bad. He was just kidding around with her. He's not really bad. He plays with the children like that sometimes. There's nothing bad about that. Asimi is my friend.

Die Haltung der Brückenakteure gegenüber solchen, aus westlicher Sicht als 'Kindesmissbrauch' eingestuften Verhaltensweisen ist vor mehreren Hintergründen zu betrachten. Ob im traditionellen Kontext der Akha kindliche Promiskuität regellos und alltäglich stattfindet, wie es im thailändischen Volksmund und in manchen Quellen behauptet wird, und daraus eine laxe Haltung gegenüber frühen sexuellen Kontakten herrührt, bleibe einmal dahin gestellt. Allgemein ist jedoch in ländlichen Gebieten der Region ein frühes Heiratsalter der Mädchen (11 bis 14 Jahre) bei den meisten ethnischen Gruppen nicht ungewöhnlich, und es gilt ebenfalls als akzeptabel, dass der Ehemann dabei um viele Jahre älter als die Braut ist. Der Eheschließung und dem damit einhergehenden Abschluss der Kindheitsphase wird hier ein anderes Lebensalter zugeordnet als in postindustriellen westlichen Gesellschaften.

Darüber hinaus gehören in Thailand Prostitution und Mätressentum zur männlichen Alltagskultur in allen sozialen Milieus, und ist ein weit verbreiteter, wenn auch geächteter Beruf von Frauen aus mittellosen Milieus der Grenzbevölkerung und von Migrantinnen aus den Nachbarländern Thailands[20]. Viele junge Frauen aus dem Umfeld der Brückenkinder werden oder sehen sich gezwungen, auf diese Form der Einkommensgenerierung zurückzugreifen. Die Brückenmädchen, obwohl sich unter ihnen keine Sexarbeiterinnen finden, werden von Außenstehenden mit dieser Personengruppe assoziiert.

Die moralische Ungeschütztheit der Integrität von Mädchen und die indifferente Haltung Nahestehender bei sexuellen Übergriffen - der Verlust moralischer Instanzen - ist eine der Folgen des kollektiven sozialen Leidens an der Grenze. Die Indifferenz resultiert zunächst aus langjährigem Drogenmissbrauch und wird den meisten alltäglichen Lebensbereichen entgegen gebracht. Die Handlungspraktiken der Erwachsenen üben sowohl unmittelbare als auch eine mittelbare Wirkung auf die Konstitution der kindlichen Erfahrungswelt und auf die Wahrnehmungsweisen der Kinder aus. Moralische Bewertungsmaßstäbe und soziale Hierarchien - darunter die Geschlechterordnung - werden am Beispiel älterer Interaktionspartner kennen gelernt und die Werte zunächst als Teil der natürlichen Weltordnung akzeptiert. Die männlichen Brückenkinder, die durch die beschriebenen Genderimplikationen in ihrer Identität bestärkt werden, prak-

[20] Prostitution in Festland-Südostasien und die damit verknüpften Migrationsbewegungen und sozialen Dynamiken bilden ein komplexes Kapitel, das in seinen Einzelheiten hier nicht weiter ausgeführt, sondern nur in seinem direkten Bezug auf das bearbeitete Thema angesprochen werden kann. Die Mehrzahl der Sexarbeiterinnen in Thailand kommt aus dem Norden und Nordosten des Landes, vor allem aber aus Kambodscha, Laos und Myanmar. Sie dienen in überwältigender Mehrheit dem einheimischen Markt.

tizieren und reproduzieren solche Verhaltensmuster bereitwillig. Eine Bestärkung, solche Verhaltensweisen nicht als gegeben anzunehmen, sondern sich dagegen zur Wehr zu setzen, erfahren die Brückenakteurinnen lediglich von den Sozialarbeitern der Hilfsorganisationen, die jedoch für die meisten Kinder lediglich Randfiguren ihrer sozialen Alltagswirklichkeit darstellen.

Weil dem Dasein als 'Kind der Brücke' ein langer Prozess vorangeht und dieser unter gender-ungleichen Bedingungen verläuft, werden nur wenige Mädchen zu 'Kindern der Brücke' und verweilen nur kurz in dieser Lebensform. Die Wahrscheinlichkeit, dass ihr Lebensweg schon vorher eine andere Richtung einschlägt, ist viel größer als bei Jungen. Diese genderspezifischen Bedingungen fördern in besonderer Weise die Bereitschaft von Mädchen, sich in eine NGO zu begeben - ein Entscheidung, der jedoch auch Mädchen höchst ambivalent gegenüber stehen, wie das folgende Kapitel beschreibt.

Brücke, Familie und Shelter

Für die meisten Brückenkinder stellt das Leben in einer Hilfsorganisation eine akzeptable Alternative zum Brückendasein dar - innerhalb von sechs Jahren haben sich mehr als einhundert Brückenkinder allein nach Baan Nana begeben. Einige 'Kinder' zögern jedoch, die Angebote der Hilfsorganisationen[21] anzunehmen, obwohl sie angeben, ihre Arbeit an der Brücke als Plackerei zu empfinden.

Die unentschlossene oder ablehnende Haltung dieser Kinder ist nicht lediglich vor dem Hintergrund der sie bindenden familiären Strukturen zu verstehen, sondern hat weitere Gründe, die mit den Implikationen des Daseins in einer Organisation zu tun haben: Die Einschätzung des durch die Organisationen vertretenen Kindheitsmodells spielt für ihren Entscheidungsprozess ebenso eine wichtige Rolle wie ihre pragmatische Beurteilung der Zukunftsperspektive.

Die alternativen Vorschläge der Organisationen zur Lebensgestaltung erscheinen den Brückenkindern in mehrerer Hinsicht problematisch, was manche davon abhält, das vermeintlich 'kindgerechtere' Leben - frei von Arbeit, Verantwortung und Ausbeutung - der 'Misere' des Brückenlebens vorzuziehen.

Beim Einritt in eine Organisation erfahren sie, dass ihre bisher erworbenen Fähigkeiten - zum Beispiel ihre ökonomische Eigenständigkeit und ihr Vermö-

[21] Wenn hier von Hilfsorganisationen die Rede ist, meine ich die lokalen NGOs und Initiativen, deren Zielgruppe die Brückenkinder sind - Baan Nana, aber auch andere Projekte, deren Namen nicht genannt werden, da hierfür von ihnen keine ausdrückliche Erlaubnis vorliegt. Die beschriebenen Zusammenhänge wurden in Bezug auf Baan Nana und die Organisation, die das Drop-In Center in Maesai betreibt, direkt beobachtet. In ihren Berichten beziehen sich die Kinder daneben auf andere Institutionen, die im weiteren Umfeld angesiedelt sind.

gen, verantwortungsvoll und selbst bestimmt zu handeln - nicht nur nicht gewürdigt werden, sondern zum Großteil unerwünscht sind. Darüber hinaus wird ihre bisherige Lebenswelt pauschal negativ belegt - als minderwertiges, weil nicht kindgerechtes soziales Setting und als 'Risikofaktor für gelungene Kindesentwicklung'. Da die Identifikation mit der so beschriebene Sozialwelt für die Kinder jedoch konstitutives Identitätsmoment ist, erleben sie mit dem Eintritt in die Institution einen Betrug an den Normen und Werten, die sie für richtig und wahr halten, und erfahren eine Herabminderung dessen, was sie bisher für positive Kriterien menschlicher Qualität hielten.

Die ökonomische Produktivität und Selbstverantwortlichkeit des Lebens im Straßenkontext hat eine wichtige Bedeutung für das Selbstbewusstsein der Kinder, weil sie in diesen Tätigkeiten mit anderen, älteren Gesellschaftsmitgliedern 'in derselben Liga spielen'. Der Umstand, dass sie in den gleichen Disziplinen antreten wie Erwachsene, bringt zwar eine (zu) hohe Belastung mit sich, er bedeutet jedoch auch, dass die Kinder einen gesellschaftlichen Wert zuerkannt bekommen, der sich mit dem erwachsener Menschen durchaus vergleichen lässt.

Im Brückenkontext sind sie 'auch Kind', im Kindheitsmodell der Organisation werden sie zu 'nur Kind' degradiert. Alle ihre Eigenschaften, die nicht in die Präkonzeption von 'Kind' passen, gelten von nun an als unangemessen: Von den Brückenkindern wird ab dato erwartet, dass sie sich ganz 'kindlichen' Aufgaben hingeben - wie zum Beispiel dem schulischen Lernen - und ihre 'zu erwachsenen' Eigenschaften ablegen. Es wird davon ausgegangen, dass dies im Interesse der kindlichen Akteure sein muss, da es ihren 'kindlichen Bedürfnissen' gerecht wird.

Eine Schule haben die meisten von ihnen jedoch noch nie besucht, sie verfügen deshalb nicht über die dort geforderten Qualifikationen[22]; sie fühlen sich unfähig. Die Inhalte des thailändischen Curriculums scheinen für ihr alltägliches Leben von geringer Relevanz zu sein, weshalb ihre Lernmotivation gering bleibt. Unter den Ausgrenzungen ihrer Mitschüler leidend, nehmen sie sich selbst bald als 'unnormale Kinder' wahr. Der Schulbesuch langweilt und frustriert sie.

Mit der Zeit erleben sie außerdem das ihnen mit dem Schulbesuch suggerierte Versprechen auf gesellschaftliche Integration und sozialen Aufstieg als unaufrichtig, weil es unrealistisch ist. Unter den gegenwärtigen gesellschaftspoliti-

---

[22] Ihnen fehlen einerseits formale Qualifikationen, was dazu führt, dass sie in Klassen eingestuft werden, die weit unter ihrem Altersniveau liegen, oder dass sie eine 'non-formal-school' besuchen, die für Jugendliche konzipiert wurde, die die ersten Schuljahre versäumt haben (vgl. auch Kampe 2003, S. 9 ff). Ihnen fehlen Qualifikationen wie z.B. Konzentrationsfähigkeit, Einfügen in autoritäre Strukturen und stundenlanges Stillsitzen. Ihre Motivation und Hingabefähigkeit sind durch die psychische Belastung stark eingeschränkt, was nicht selten dazu führt, dass Baan Nana-Kinder den Unterricht unvermittelt verlassen oder gar nicht erst erscheinen.

schen Bedingungen haben die Kinder keine Zukunft in Thailand: Als Staatenlose, auf myanmarischem Boden Geborene, werden sie lediglich aufgrund ihres Kind-Seins in Thailand geduldet. Ihnen wird zwar gestattet, den Grundschulunterricht zu besuchen, sie bekommen jedoch weder Zeugnisse, noch können sie einen Abschluss erlangen. Eine weiterführende Schule dürfen sie ohne Staatsbürgerschaft nicht besuchen, und ihre Aussichten auf weiterführende Fachausbildungen und spätere qualifizierte Arbeitsstellen sind gering. Eine permanente Aufenthaltserlaubnis oder gar Einbürgerung wird ihnen nicht gewährt. Sobald ihr Kindheitsstatus erlischt, werden sie der geltenden Gesetzgebung entsprechend zurück nach Myanmar abgeschoben, wo sie vergleichbare Bedingungen erwarten wie jene, die sie jetzt verlassen sollen.

Mit dieser Perspektive erscheint den Kindern und ihren Angehörigen der Aufenthalt in einer Organisation lediglich als eine - unter Umständen zwar willkommene aber nicht unbedingt notwendige - Schonphase, deren Preis die sozialen Versäumnisse zuhause darstellen.

Außerdem werden ihre schon erlebten Freiheiten mit dem Eintritt in die Organisation wieder eingeschränkt. Unter den Regeln der Institution leidet insbesondere ihre Bewegungsfreiheit sowie ihr Verfügen über Geld und eine durchaus erlebte Konsumfreiheit - was insbesondere jenen Kindern Probleme bereitet, die an einen regelmäßigen Drogenkonsum gewöhnt sind. Bemühungen der Organisation, die Kinder beim Entzug zu unterstützen, blieben in den beobachteten Zusammenhängen wegen Personalmangel und einer generellen Unterschätzung der psychischen Dimension von Abhängigkeit weitgehend auf der Strecke.

Die Hilfsorganisation stellt aus Sicht der meisten älteren Akteure, die schon viele Jahre an der Brücke verbracht haben, zwar eine Abwechslung vom Brückenalltag dar, weshalb sie sie zu Erholungszwecken oder als Zufluchtsort aufsuchen, gilt aber nicht als echte Alternative. Dem Großteil der jüngeren Kinder werden die Konditionen der NGOs jedoch gerecht, und die Möglichkeit, in der Organisation zu leben, erscheint ihnen besonders dann reizvoll[23], wenn sich ihre Freunde und Geschwister bereits dort befinden. Trotzdem wissen sie um ihre familiären Pflichten.

Diese Widersprüche münden für manche in innerem Widerstreit, in einem Gefühl des Hin-und-her-Gerissen-Seins und in schlechtem Gewissen. Sie leiden unter Ruhelosigkeit, Albträumen und Depressionen, während sie sich in der Organisation aufhalten, weshalb sich manche Kinder in einen fortwährenden Pendelprozess zwischen Brücke, Familie und Shelter begeben.

---

[23] Baan Nana wurde auf Initiative von damaligen 'Kindern der Brücke' hin gegründet, der Leiter Kru Ngaow und die Organisation selbst genießen großes Vertrauen und einen sehr guten Ruf unter den Brückenkindern. Das pädagogische Konzept Baan Nanas gewährt den Kindern hohe Autonomie, der Alltag im 'Shelter' wird von den Kindern selbst bestimmt und organisiert.

Die 'Kinder der Brücke'

> "Another type is: the children who are addicted to drugs, sniff glue, take amphetamines, don't listen to their father or mother. This is another type. Some children have parents who fight with one another. They leave home and become *dek ree ron*. They don't go back. This is another type."(Asan)

Kinder und Eltern

Die meisten der als 'Kinder der Brücke' bezeichneten Akteure sind älter als acht Jahre[24] und männlich[25]. Ihre Zahl ist schwer anzugeben - sie variiert zwischen fünf und fünfzehn, je nachdem, ob man jene Kinder mitzählt, die man nicht an der Brücke antreffen kann - weil sie längerfristig im Gefängnis, in einer Organisation oder in einer anderen Stadt sind, oder weil sie zwischen den Lebensformen pendeln oder Zwischenmodelle leben.

Unter ihnen sind Akha, die ehemals Bettelkinder waren und dann immer seltener nach Hause gegangen sind: Weil es ihnen nicht plausibel schien, ihr verdientes Geld abzugeben, weil sie die häusliche Gewalt nicht länger ertrugen, weil sie sich 'erwachsen genug' fühlen, weil sie wissen, dass sie selbstständig leben können. Von ihren Eltern fühlen sich viele ausgebeutet, sie sind enttäuscht. Die anderen 'Kindern der Brücke' sind zu Freunden geworden und wichtiger als die Eltern. Das Dorfleben erscheint farblos und langweilig im Vergleich zur vielseitigen und aufregenden Brücke.

Die anderen 'Kinder der Brücke' kommen aus sehr unterschiedlichen sozialen und ethnischen Hintergründen: Ihre Eltern sind (oder waren) Bamar, Shan und Chinesen, Rakheinesen, Lisu, Lahu, Palaung, Pa-O. Ihre Väter waren Bauern oder Händler, Arbeiter, Soldaten, Magier oder Mönche. Heute sind einige tot, andere krank oder im Gefängnis, viele schwer abhängig von Opium, Heroin oder Amphetaminen. Die Geschichten der Kinder erzählen tragische Familiendramen: von Krieg und Flucht vor Armut, von Krankheit, von Sucht und politi-

---

[24] Der Begriff des 'Kindes' muss in diesem Kontext weit gefasst werden, es wird nicht ausdrücklich zwischen Kindern, Jugendlichen und jungen Erwachsenen unterschieden, solange sich ihre Lebensbedingungen und -gestaltung gleichen. Unter den 'Kindern der Brücke' gibt es eine große Alterspanne: Unter ihnen sind sowohl einige Fünf- und Sechsjährige, als auch zuweilen Siebzehn- und Achtzehnjährige. Die Veränderungen der Agitationsbedingungen in Abhängigkeit vom Alter werden im Nachfolgenden angesprochen.

[25] Zur Zeit der Forschung waren es ausschließlich Jungen, es wurde aber von Mädchen berichtet, die zu früherer Zeit in solcher Weise lebten, sich dann aber in Hilfsprojekte begeben haben oder in andere Orte abgewandert sind.

scher Verfolgung und von der Hoffnung auf ein besseres Leben an der Grenze zu Thailand, dem 'Land der Freien'[26].

Manche haben ihr Elternhaus verlassen, weil dort jegliche Lebensgrundlage fehlte, manche aus Scham für ihre aidskranken, drogenabhängigen oder inhaftierten Eltern; oder weil sie Waisen sind und die Nachbarn nicht wissen, wie sie sie ernähren sollen. Manche sind geflüchtet, andere mit Hoffnung gegangen, einige alleine, andere mit Geschwistern oder Freunden. Einige waren Soldaten, manche schon an vielen Orten, nicht wenige sprechen fünf oder sechs Sprachen fließend. Plünderungen, Brandschatzung, Folter oder Tötungen haben die meisten von ihnen schon einmal gesehen - einige waren selbst Teilnehmer.

Manche befinden sich weit entfernt von allen Angehörigen, die meisten aber haben Verwandtschaft am Ort. Getrennt wurden die einen abrupt und absolut, für die anderen jedoch bedeutet die Loslösung einen langen, verschlungenen Prozess mit vielen Zwischenformen und Gegenbewegungen. Denn Konfliktpotential in Familien bildet mitunter auch die Unterschiedlichkeit der Erfahrungswelten von Eltern und Kindern. Angesichts der vorgefundenen Bedingungen der Brücke gestalten Kinder angepasste Lebensmuster, welche nicht im Einklang mit den Wertvorstellungen der Elterngeneration stehen.

Der Entscheidung ihrer Kinder, die Brücke zum Lebensmittelpunkt zu machen, begegnen die Familien in unterschiedlicher Weise. Einige versuchen, die Kinder mit Gewalt davon abzubringen, andere begrüßen diesen Schritt in die Unabhängigkeit. Die meisten der Eltern nehmen eine indifferente Haltung ein, fordern jedoch, dass die Kinder sie weiterhin finanziell unterstützen.

Abhängigkeiten

Die Übergangsprozesse zwischen den Lebensformen und der Eingliederung in die Sozialstrukturen der Brücke - jener Phase, in der die emotionale Beziehung zur Brücke enger wird, in der sie mehr wird, als lediglich ein Stück Straße - werden begleitet vom regelmäßigen gemeinsamen Drogenkonsum mit anderen Kindern der Brücke, von beginnender (psychischer) Abhängigkeit von den Substanzen, und von der allmählichen Etablierung von Freundschaften und anderen sozialen Netzwerken. Während die 'Kinder auf der Brücke' in enger Bindung mit ihren Eltern stehen, gewinnen für die 'Kinder der Brücke' die Peers nach und nach an emotionalem Stellenwert. Mit der Geschichte von seinem Cousin Achi gibt Asan ein Beispiel, welche Faktoren für einen solchen Übergang mitunter eine wichtige Rolle spielen, und welche Relevanz das gemeinsame Klebstoffschnüffeln dabei haben kann:

---

[26] 'Thai' wird übersetzt als 'frei'. Siam wurde in der 1930er Jahren umbenannt in 'Land der Freien': Thailand (vgl. Keyes 1989).

> One day Achi and I went to the bridge. They closed the bridge because the Thai and the Burmese Armies were fighting against each other. That was around six or seven years ago. They closed the gate. That time we ran away from home together. Both our parents had run out of money. We tried to earn money on the bridge. We collected garbage and sold it to the recycling shop. We worked like that. We could get 200 Baht. I gave 100 Baht to Achi and told him to go back. I said I'd come back, too. But Achi didn't go back. He met Aphu. They were staying together on the bridge. Aphu gave glue to Achi, so he started using glue. That's why he didn't go back home but stayed together with the bridgekids. That time he didn't go back for one year. His parents tried to find him. When Achi found out, he ran away. His parents yelled at me, because I took Achi to the bridge in the first place. Sometimes they caught Achi and brought him back, and once I chained him up for a couple of months and I hit him.

Asan selbst beschreibt den Klebstoffrausch im Kreise der Freunde[27]...

> It's a lot of fun. It's like being drunk. You have a lot of imagination. Fun. It's fun when we use it. We play with souls (repeat).

...und die Rolle, die die Peers und das Schnüffeln für seine Affinität zur Brücke spielte:

> [At the beginning] it was fun. At that time my older brother was the leader of the group of kids on the bridge. When I was staying with my older brother, he let me use glue. I didn't go out and find food to eat. I was just sleeping at the bridge. And I had many friends. That was fun. My brother didn't do anything, he let the younger children beg for him. Glue. Glue. It's a lot of fun. It's like being drunk. You have a lot of imagination. Funny. It's funny when we use it. We play with souls. [...] The love for the glue. When I started I didn't know. I just tried it. So when I knew about it, I needed it more and more and it made me want to go to the bridge.

2005 hatten sich die 'Kinder der Brücke' in einer Bandenstruktur organisiert[28], wie sie auch aus anderen Orten bekannt ist. Die jüngeren Kinder wurden

---

[27] Auch Mädchen schnüffeln Klebstoff, wenn sie sich mit der Gruppe der 'Kinder der Brücke' identifizieren. Asan beschreibt das gemeinsame Schnüffeln mit Mädchen als besonderen Vertrauensbeweis und als Symbol von Zuneigung:

A.: Back then there was a lot of girls on the bridge. We used the glue together. They used the glue with us. But now they stay at Kru Naam's house.

J.: When the girls use glue is it the same as when the boys use it? (repeat)

A.: Yeah, the same. Mee Su. Mee So. Did you know Mee Su? Of all of the girls on the bridge she was the most cheeky and lovely as well. She didn't use the glue with anyone else, she only used it with me.

[28] Ähnliche Strukturen sozialer Organisation wurden auch für Gruppen so genannter 'Straßenkinder' andernorts beschrieben. Jo Boyden stellt fest: "Street groups generally have set modes of organisation [...] In many cities, these groups, although strongly united, are very hierarchical, with the older and stronger ones dominating the younger and weaker members" (Boyden/Holden 1991, S. 64).

unter massiver Gewaltandrohung von den älteren dazu gezwungen, ihren Verdienst abzugeben, wofür ihnen im Gegenzug Schutz versprochen wurde, sie explizit zur Gruppe zugezählt wurden, in die 'Geschäfte der Brücke' eingewiesen und ihnen die Beziehungsnetzwerke nutzbar gemacht wurden. Es etablierte sich also eine Patronen-Klientenbeziehung, Dienerschaft gegen Fürsorge und soziales Kapital, aus der die 'Klienten' jedoch nicht einfach aussteigen konnten[29].

Nur die wenigsten 'Kinder der Brücke' brechen den Kontakt zu ihren Familien komplett ab. Die Familie wird jedoch zu einem der vielen Bezugs- und Anlaufpunkte, zwischen denen sie ihr Brückenleben gestalten. Permanent im Straßenraum zu leben, ist schon allein wegen der hohen Militärpräsenz sehr schwierig. Ab und zu, wenn der Abend in der Stadt lang war, schlafen sie zwar unter freiem Himmel, über längere Zeiträume bleiben sie jedoch nur dann draußen, wenn der Schutz einer größeren Kindergruppe besteht, dann übernachten sie unter der Brücke oder zwischen den Marktständen. Dies ist jedoch nur bei wenigen Kindern eine beliebte Wohnform. Wenn sie genügend Geld zu Verfügung haben, mieten sie gemeinsam ein Zimmer oder bleiben mal bei Bekannten, die über eigenen Wohnraum verfügen, mal bei ihren Eltern oder bei Freunden, oder begeben sich für einige Tage in eine der Hilfsorganisationen. Doch kehren sie, sobald es die Lage erlaubt, zur Brücke zurück, was den übrigen Beteiligen meist auch bewusst ist[30].

Die eingangs vorgestellte Metapher Jeabs, welche die Qualität der Beziehung der Kinder zum Brückenraum illustriert ('For the bridgekids the bridge is like a drug. They become addicted to it; they want it again and again; they will always come back to it, no matter what other choice they have.'), lässt sich durch die

---

[29] Dies wurde mir an einem Beispiel deutlich, in dem einer der jüngeren Jungen versucht hatte, den Patron um 20 Baht zu betrügen, welche er in seiner Hosentasche versteckt hielt - nicht bereit, sie abzugeben. Es kam zu einer gewaltsamen Auseinandersetzung, die durch die Polizei aufgelöst wurde, und mit der Ankündigung seitens des Patrons, dies werde tödliche Folge für den Untergeben haben, beendet wurde. Der jüngere wandte sich an Baan Nana, wo er sich jedoch wegen der geringen Entfernung des Shelter zum Ort nicht sicher fühlte und deshalb darum bat, in eine Organisation nach Bangkok überwiesen zu werden, was daraufhin geschah.

[30] Baan Nana definiert sich für diese Kinder als ein 'offenes Haus', das sie jederzeit aufsuchen, dort Unterstützung erwarten, es aber nach Belieben wieder verlassen können, um bei Bedarf zurückzukehren. Langjährige Erfahrungen haben die Mitarbeiter der Organisation gelehrt, dass es in bestimmten Fällen müßig ist, zu erwarten, dass sich die Kinder langfristig auf den Organisationsalltag einlassen. Im Shelter werden sie zwar mitgetragen und in weiten Teilen in ihren Eigenheiten und besonderen Bedürfnissen toleriert (oft verhalten sie sich extrem unangepasst), es wird jedoch kein Zwang auf sie ausgeübt, sich für den einen oder anderen Ort entscheiden zu müssen. Dies entspricht dem Ziel der Organisation, vorrangig zum Schutz der Kinder da zu sein - egal, wie begrenzt die Phasen sind, in der die Kinder dieses Angebot annehmen. Grundlegende Regeln des Zusammenlebens im Shelter sollen zwar auch diese Kinder beachten - z.B. das absolute Drogenverbot und Gewaltfreiheit -, es ist jedoch auch in schwereren Fällen noch nie zu einem Verweis eines Kindes aus der Organisation gekommen.

Einsicht ergänzen, dass diese Beziehungsqualität vom tatsächlichen Rauscherlebnis und der Sucht nach berauschenden Substanzen ebenso geprägt wird wie von den stark bindenden Sozialstrukturen der Peergroups, in denen darüber hinaus durch die Praktik des gemeinsamen Drogenkonsums das Gemeinschaftsgefühl, der Gruppenzusammenhalt und somit der Dependenzcharakter der Beziehung Kind - Brückenwelt noch gestärkt wird.

Alltagsorganisation

Nur wenige der 'Kinder der Brücke' sind nach wie vor Bettelkinder, es sind meist diejenigen, die schon im Auftrag ihrer Eltern gebettelt haben. Die übrigen gehen diversen anderen einkommensgenerierenden Tätigkeiten nach. Manche holen Wertstoffe aus den Abfalltonnen Maesais und verkaufen sie an Recyclinghändler, andere transferieren illegale Waren, wie Pornographie und Amphetamintabletten, über die Grenze und verkaufen sie unter der Hand. Taschendiebstahl ist verpönt, groß angelegte Diebstähle werden jedoch in Zusammenarbeit mit anderen Akteursgruppen der Grenze durchgeführt[31] - es gilt unter den Brückenkindern ein Kodex, dass nicht in der Nähe der Brücke und nicht von bekannten Personen geklaut werden soll.

Im Gegensatz zu den Bettelkindern versuchen die nicht-bettelnden 'Kinder der Brücke' so wenig wie möglich aufzufallen und passen ihr Auftreten dementsprechend an die Inszenierungen bürgerlicher Gruppen an. Sie verfügen über einen sicheren Modegeschmack, sind stets gewaschen und gekämmt und legen zum Teil sehr viel Wert auf ihr Äußeres. Sie kommen nur unregelmäßig zum Grenzübergang und halten sich dann selten oben auf der Brücke, sondern meistens daneben oder darunter auf.

Von Geschäften der Kinder und deren Risiken

Im Grenzort laufen viele Handelsströme, darunter auch Schmugglernetzwerke zusammen: Von der thailändischen Seite her bekommen die Kinder Aufträge für größere Mengen Amphetamintabletten, die aus den Fabriken in den Bergen geholt und über den Fluss gebracht werden sollen. Andere Händler kaufen auf myanmarischer Seite thailändische Produkte an wie Fahr- und Motorräder oder Gebrauchsgegenstände, z.B. Kochtöpfe. Die Kinder klauen diese Gegenstände nachts auf der thailändischen Seite und übergeben sie an Zwischenhändler, die sie dann weiter transportieren. Die Kinder erhalten solche Aufträge entweder direkt, oder sie beteiligen sich an Geschäften ihnen bekannter dritter Personen. Die Tätigkeit in illegalen Sektoren birgt hohe Risiken. Noch bedrohlicher als

[31] Dies entspricht anderen Beobachtungen von Kriminalität im festland-südostasiatischen Raum, in denen nur wenig Gelegenheitskriminalität, dafür aber einen hohe Rate organisierter Kriminalität festgestellt wird.

Gesetzesvertreter werden den Kindern jedoch Selbstjustiz übende Personengruppen. Asan illustriert dies an den folgenden Vorfällen:

> One day he stole a lot of pots. From a house that was quite close to the river. He stole them and took them across the river. Someone followed him across to Myanmar. When he was getting dressed again on the other side, they shot him. He was shot with a riffle. His face was full of bullets. He was shot by a rifle. That's why he died. We'd stolen it together *(coughs)*. What we planned at the beginning was to kill everybody and take their gold and money. And when we went inside no-one was there. If we found someone we wanted to kill them. We went together. There were 6 of us. He went inside with a big bag and filled it with pots. And then across to Burma. We saw a guy with a riffle. When we were at the river, 2 or 3 of us were hit. One of them were shot in the back and had a big hole. In the hand, but one died. He was hit here. Not just once. 7 or 8 times. Pop, pop, pop. He ran back across to Myanmar, we followed him. We looked at him but he died. We called the police over. They took a photo and just burned him. The parents said it was good for him to die, if he hadn't died he'd still be bad. They said it was good for him to die. We felt that if we could find and recognise him [the perpetrator] we'd kill him. We talked like that. One died, there are still 5 others. We took a lot of knives and sticks and broke the glass and everything in the house. And then we wanted to burn the place down with petrol. But we haven't done it. We broke the roof. We broke every bit of glass and the roof. We poured petrol and wanted to set it alight, but the police came and we had to run away before we lit it.

Die Selbstjustiz gegen 'Straßenkinder' wird an der Grenze in weiten Kreisen als legitim betrachtet und löst keinen öffentlichen Protest aus. Die Angehörigen bleiben in ihrem Entsetzen ohnmächtig zurück.

> His name was Archi. His house was at Ya Mee. He had a younger brother. Because his dad died his mum had a new husband. Every time the new husband would yell and hit him. That's why he didn't want to stay. That's why he left for the street and became homeless. He was homeless like that. That's why we'd known each other for a long time. Around 4 or 5 of us sniffed glue and walked around Maesai. Walk and sniff the glue. One person came to us and asked, caught us and asked 'Hey, you stole the stuff right?' He kicked each of us twice and said 'you stole it, right? CD player and money.' I don't know how much money. 'How much money did you steal?' We said that we didn't steal it. Because he [Archi] was doped out from the glue, when he was asked he just nodded his head. *(Asan nods head while saying this)* 'Did you steal it?' *(nods head again)* 'Did you really steal it?' *(nods head again)* That's why they hit him. They hit him and put him in a big bag. They punched and kicked him and pressed lit cigarettes into his face. They hit him until they'd had enough. Then they threw him into the river. They put him in a bag, tied it with a rope and threw him into the river. We couldn't help because he was already dead. We couldn't help. He was dead. If we'd helped we would have died also. Died. They would have killed us. That's why we couldn't help. His parents said that it was good that he died. For me, I also think that it was good that he died.

Für den Handel mit älteren Kindern und Frauen ist es zwar üblich, dass die Broker zunächst vertrauensvolle Kontakte herstellen und ihre Opfer überreden, ihnen freiwillig zu folgen - kleine Kinder werden an der Grenze jedoch auch schlichtweg entwendet. Im Jahr 2005 verschwanden auf diese Weise acht Mädchen im Alter von ein bis drei Jahren. Einige der damaligen 'Kinder der Brücke' waren an diesen Transaktionen beteiligt[32], wurden in einem Fall erwischt und in Myanmar inhaftiert.

Den typischen Ablauf eines Kinderhandels beschrieb mir Asan folgenderweise:

> **Asan:** They [the kids] took the children and then sold them. For a girl they'd get 3000 Baht, for a boy 2000. [They got them] from the Burmese side. They stole them, then [sold them] on the Thai side to Thai people. There are still people coming [buying them]. I know about six cases [where children have been sold].
> They did it during the night. They came with a car and put the children in the car. They got the children and gave them candies. When they where inside the car, nobody could hear them crying. [...]
> **Lena:** Has anyone around the bridge ever asked you to do that?
> **Asan**: [...] Yeah. On the Thai side. [He is] a Thai. He asked me to take a child. He told me he'd give me 5000 baht. I couldn't do it: 10 years [in prison].

Obwohl er seine Nicht-Beteiligung mit der gefürchteten Gefängnisstrafe rechtfertigt, verweist seine Einschätzung, was mit den Opfern später geschehen könne, auf sein Unrechtsempfinden:

> **Asan**: Maybe they take care of them like a son or a daughter. Maybe some of them got a hand or foot cut off and made begging for money at the bridge, a long time ago. But now there's nothing like that. Here there's nothing going on like that. In Bangkok it happens. Somebody told me that. Yeah, I think maybe some children who disappear from Burma get a hand or foot cut off and made to beg in Bangkok. But maybe some have a better chance. They [the people] should ask for permission to take care of the children!

Da die inhaftierten Kinder den Kern der 'Brücken-Peergroup' bildeten, löste sich diese zunächst auf. Während der zweiten Feldphase Anfang des Jahres 2006 war eine neue Gruppe - bestehend aus den übrig gebliebenen Kindern vom Vorjahr und neu Hinzugekommenen - gerade wieder im Entstehen.

Der Menschenhandel birgt existenzielle Risiken nicht nur für die zur Ware gewordenen Kinder, sondern auch für die Täter selbst, denn infolge der Verstärkung des internationalen Drucks und der durchgeführten Anti-Human-Trafficking-Programme ist auch in Myanmar in den letzten Jahren die Verfol-

[32] Ausschnitt aus einer Schilderung zum üblichen Vorgehen in solchen Transaktionen. Zur ausführlicheren Beschreibung vergleiche Anhang 6.

gung und Bestrafung von Menschenhandelsdelikten verschärft worden, während sich die das Menschenrecht verachtenden Haftbedingungen jedoch nicht geändert haben. Für Menschenhandel gilt nun das Strafmaß von 20 Jahren Haft. Offizielle Angaben über die Verurteilung der betroffen Brückenjungen waren jedoch nicht zu erlangen, Gerüchte besagen, das Strafmaß sei auf Grund des Jugendalters der Angeklagten auf zehn Jahre gesenkt worden. Eine Inhaftierung in myanmarischen Gefängnissen hat jedoch oft schon nach kurzer Zeit fatale Folgen für Gesundheit und Leben der Häftlinge. Wenn es den Jungen nicht gelinge, frühzeitig frei zu kommen[33], so lautet die Einschätzung im Umfeld der Brücke, seien ihre Überlebenschancen unter den myanmarischen Haftbedingungen gering.

Alle 'Kinder der Brücke' haben Erfahrungen im Gefängnis, meist kamen sie jedoch nach kurzer Zeit wieder frei. In Maesai führt die Polizei, zuweilen in Zusammenarbeit mit Militärs, regelmäßig 'Straßensäuberungen' durch - vor allem im Vorfeld besonderer Anlässe, wie zum Beispiel vor Staatsbesuchen oder zu Beginn der Tourismussaison. Die Kinder werden meist nur wenige Tage lang festgehalten, sie sollen durch diese Maßnahme verschreckt werden. Sie lernen jedoch bei solchen Gelegenheiten, den bei jüngeren durchaus vorhandenen Respekt vor der Staatsgewalt und die Angst vor Inhaftierung abzulegen - ja, den Gefängnisaufenthalt zu schätzen, erstens, weil sie dort schlafen und fernsehen dürfen und regelmäßige Mahlzeiten bekommen, und zweitens, weil er für die Jungen als eine Art Feuerprobe des Straßenlebens gilt, deren würdevolles Bestehen das Ansehen der Person innerhalb der Peergroup steigert.

Gefängnisaufenthalte in Myanmar unterscheiden sich jedoch eklatant von denen in thailändischen Haftanstalten und werden in keiner Weise positiv assoziiert. Dies verdeutlicht Asan in seinem Vergleich:

> **Asan:** It was fun. It was fun. Definitely. It was fun. If you don't worry about it, it's fun. But if worry about it, it's not fun. Like that. Every time I come to a Thai jail, it's fun. But if I'm in a burmese jail, it's not fun. I don't want to stay there. When Thai police ask me if I'd want to stay in a Thai jail for 10 years or in a burmese jail for 1 year, I say I'd stay in the Thai jail for 10 years.
> **Jeab:** What's the difference?
> **Asan:** Oh, you don't know. After 1 year in the jail, some of them die. A lot of them die in the jail.
> [...] In Mawlamyine there are two lives. The first life doesn't die quickly, the second life dies very fast. The second life, you need to break stones. You break the

[33] Es wurden immer wieder zwei Möglichkeiten genannt, wie man frühzeitig aus der Haft entkommen kann: ersten die Auslösung gegen Geld und zweitens der Ausbruch. Die Kinder der Brücke haben zum Teil schon sehr spektakuläre Ausbrüche aus Gefängnissen organisiert: Neben einem medienpräsenten Ausbruch aus dem Untersuchungsgefängnis in Chiangmai (Thailand) wurde mir von mehreren Ausbrüchen aus den Gefängnissen in Tachileik und Kyaingtung (Myanmar) berichtet.

big stones with bombs. When the bombs explode and hit you. The stones break apart and hit you and you die, very fast, that happens a lot.
So the second life, do you know what they do? They make you work on the field, normally they use buffalo and cows but they make you do this work. Take it like this and go. If you don't go they stab you with a metal stick on your arse. They stab like this whether you go or not. You bleed from your arse. You get wounded. Stuff like that happens. At Mawlamyine no one is ever disobedient. No one is disobedient like in Thailand. There are no bad guys. Everyone is afraid of the jail. [...] They want you to die.[34]

Kinderportraits

Aphu

Das Dorf, in dem Aphu geboren wurde, liegt zehn Kilometer von der Grenze entfernt im Inneren des Shan-Staates. Er habe keine Eltern mehr, erzählt er, wenn man ihn fragt; manchmal sagt er auch, er wisse nicht, was mit ihnen passiert sei. Lakue, bei dem Aphu zurzeit wohnt, meint, das stimme nicht. Aphu habe einen Stiefvater, der ihn jahrelang täglich verprügelte. Aphu lief von zuhause weg und zur Brücke als er sieben war.

Die erste Zeit über schlief er draußen mit den anderen Kindern. Als Kru Ngaow Baan Nana eröffnete, wohnte er eine Weile dort. Er gewann Vertrauen in die Schwester Kru Ngaows, die anfangs dort mitarbeitete. Als sie wieder nach Bangkok zurückkehrte, sah Aphu keinen Grund mehr, in Baan Nana zu bleiben. Er kam zurück zur Brücke. Die anderen 'Jungen der Brücke' organisierten sich allmählich zu einer Gang und fingen an, Amphetamine zu verkaufen und zu nehmen; sie erpressten die jüngeren um ihr erbetteltes Geld und verprügelten sie, wenn sie nicht gehorchten. Aphu wollte davon nichts wissen, obwohl er zu den älteren Jungen der Brücke zählt. Bettelnd kann er seinen Lebensunterhalt bestreiten; der Rausch vom Klebstoffschnüffeln reicht ihm, er betäubt den Hunger und lässt vergessen. Weil Aphu jahrelang sehr wenig gegessen hat, ist sein Körper schmal und kindlich, obwohl er schon 16 Jahre alt ist.

Bei den anderen Brückenkindern ist er beliebt, sie zollen ihm hohen Respekt aufgrund seiner charakterlichen Qualitäten. Asan[35] bezeichnet ihn als seinen einzigen und besten Freund: 'He's different from the others. He doesn't steal or cheat. If he has money he'll pay for anyone who's close to him. But if someone wants to cheat him, they can only do it once. They don't get a second chance. I like his style. That's why he is my friend.'

Als die anderen Jungen der Brücke verhaftet wurden, blieben außer Aphu und Asan nur die jüngeren 'Kinder der Brücke' - Ahu, Lakue und Achi - übrig. Lakues Mutter lebt in Yaboyaya und ließ ihren Sohn wieder zuhause einziehen.

---

[34] Diese Sequenzen sind Auszüge einer umfassenderen Beschreibung myanmarischer Gefängnisrealität. Siehe hierzu Anhang 7.

[35] Siehe Kapitel ‚Die Brückenkinder - Kinderportraits – Asan'

Auch Aphu suchte dort Unterschlupf, weil es ohne die anderen Kinder an der Brücke nachts zu gefährlich ist. Seit ein paar Monaten kann er dort schlafen, muss aber alles Geld abgeben, was er verdient. Trotzdem findet er die Mutter nett. Sie lässt auch andere Kinder manchmal bei sich übernachten, wenn sie Ärger mit ihren Eltern oder auf der Brücke haben. Lakues Vater ist im Gefängnis, glaubt Aphu. Weder die Mutter noch Lakue reden über ihn.

Über Ereignisse an der Brücke und über die Geschichten anderer Kinder erzählt Aphu gerne und viel. Nur über sich selbst berichtet er nichts. In der Regel ist er gut gelaunt und hat immer ein freundliches Wort für die anderen Kinder. Manchmal bricht er aus dieser Rolle aus. "Ohh, ich will ihr einen Stein an den Kopf werfen!", entfährt es ihm am Ende des langen Arbeitstages. Unterwürfig hatte er eine offensichtlich betuchte, Einkaufstüten tragende, Ausflüglerin um eine Spende gebeten. Sie hatte ihn als Ungeziefer bezeichnet und sich grob ihren Weg durch die Kinderschar gebahnt, die sich ihr mit empor gestreckten Händen und leidvollen Minen in den Weg zu stellen versuchte. "Am liebsten würde ich sie umbringen!", sagt er voller Zorn. Sein Blick ist wolkig vom Klebstoff, unter dem grünen Poloshirt, das er seit zwei Monaten trägt und das ihm fast bis zu den Knien reicht, zeichnen sich spitze Schulterknochen ab. Es ist Abend und immer noch heiß. Er sieht müde aus. Viele Male hat er sich heute Demütigungen und Beschimpfungen gefallen lassen, ist dabei aber höflich und unterwürfig geblieben. Seine Einnahmen waren nicht berückend. Die Leute geben ihm in letzter Zeit immer weniger. Er sei schon zu alt, erklärt er.

Er liebt es, zu malen. Er weiß, dass er ein Künstler ist. Alle bewundern seine Werke, die anderen kopieren oft seine Ideen. In seinem Bild (siehe Anhang 8) stellt er sich als bunte Ameise dar, vielfarbige Pflanzenblätter wirbeln in einem Reigen durch die Luft. Der Blätterkreis sieht aus wie ein Fußpfad, an dessen Beginn die Ameise gerade läuft. Die einzelnen Blätter markieren die Schrittfolge: einmal im Kreis herum. Am Ende, am Ziel des Weges, liegt ein Schatz. Er funkelt in bunten Farben. Er besteht aus einem Picknickgedeck. Etwas abseits steht ein einzelner Pilz. Es ist reichlich aufgetischt: Die Speisen sind nach Aphus Geschmack vom Feinsten - ein Hamburger mit frisch-grünem Salatblatt; eine große Hühnerkeule, gegrillt; ein gelbes Weinglas und ein Tortenstückchen.

In einer großen Stadt möchte er leben, sagt Aphu. Er denkt, dass es Zeit sei, den Grenzort zu verlassen und den Job oder zumindest den Ort zu wechseln. Von den Großstädten Thailands hat er Gutes gehört. Gerade kam Aung Sing aus Chiangmai zurück, er schwärmt davon. Dort seien viele Ausländer, die Bettelkindern viel mehr gäben als die Einheimischen hier in Maesai. Das Geschäft auf dem Nachtmarkt funktioniere jeden Tag gut und am Wochenende sogar noch besser. Es gäbe Thailänder, die Zimmer für die Kinder zur Verfügung stellen und sich um darum kümmern würden, dass sie keinen Ärger mit der Polizei bekommen. Aung Sing warnt ihn jedoch vor diesen Bettelbossen. Sie nähmen einem das Geld weg und lassen einen nicht mehr gehen. Er selbst musste sich nachts davonstehlen, weil er zurück nach Maesai wollte. Aung Sing ist einer der wenigen Rückkehrer. Asan spielt auf die Risiken der Großstadt an, als Aphu eines Nachmittags mit ihm seine Ideen bespricht:

> **Aphu:** I don't want to stay here anymore. I want to go to Chiang Rai.
> **Asan:** You don't want to stay here? You want to go to Chiang Rai?
> **Aphu:** I'm bored. I want to go to Chiang Rai, Bangkok, Lampang or Payao.
> **Asan**: Do you? Why not?
> **Achi** *(Cousin of Asan):* "Yeah, you could go to Chiang Mai first...
> **Asan**: Yeah, you can get two pieces of metal. Handcuffs. Do you want that? Round ones. Good ones.

Gerüchte machen die Runde über den Verbleib der Stadtgänger: Arme und Beine seien ihnen gebrochen worden, sie würden zum Betteln gezwungen; Kinder würden getötet und ihre Organe verkauft; andere wiederum würden in fremde Länder verschleppt; viele würden früher oder später in der Prostitution landen. Wenn man älter wird, sagt Aphu, würden die Polizei strenger und die Jobs gefährlicher werden. Das Überleben würde immer schwieriger.

Eines Morgens traut er seinen Augen nicht: Eine neue Bettlerin ist auf der Brücke mit einem Baby auf dem Rücken: Aphus Mutter. Sie erkennt ihn sofort, sie hat ihn gesucht. Warum er ihr kein Geld schicke. Die Armut sei groß im Dorf, sagt sie, sie wisse nicht, wie sie überleben solle. Der neue Mann trinke zwar nicht wie der alte, dafür rauche er täglich Amphetamine. Du doch auch, meint Aphu. Aphu sei ein schlechter Sohn ohne Gewissen, sagt die Mutter. Aphu wird wütend. Mit seiner Familie will er nichts mehr zu tun haben. Er ist erwachsen, sie sollen ihn in Ruhe lassen. Dass seine Mutter ihm hinterherkommt, ist für ihn ein weiterer Grund, den Ort bald zu verlassen.

Erläuterungen

Aphu erfährt seine Familie als Quelle von Schmerz, Entsetzen und Enttäuschung. Der frühe Verlust des Vaters, die Misshandlungen des Stiefvaters und die empfundene Illoyalität seiner Mutter haben ihn veranlasst, das Zuhause zu verlassen. Es war ein soziales Umfeld, das ihn zu zerstören drohte. Er ging, weil er leben wollte, zur Brücke. Er legte sich eine Interpretation seiner Biographie zurecht, die ihm zu leben erlaubte. Besser keine Eltern als solche, die ihn in Trümmer legen.

In der Peergroup der 'Kinder der Brücke' findet er einen Rahmen, in dem sein Leben Sinn macht. Als Mitglied der Gemeinschaft fühlt er sich zugehörig und in seiner Persönlichkeit angenommen.

Seine ökonomische Unabhängigkeit und die soziale Verantwortung gegenüber den Peers fördern bei ihm Vertrauen in eigene Kompetenz und Wirkkraft - im Gegensatz zur Ohnmacht, die er in der Familie erfahren hat. Über die Jahre gewöhnte er sich, weil es Alltagsritual der Brückenjungen ist, an das Schnüffeln. Im Rausch erlebt er Gefühle der Stärke, der Zufriedenheit und Verbundenheit, des Einsseins mit den Freunden und der Welt. Er kann vergessen, was nicht erinnert werden will, und Erträumtes in der Phantasie erleben.

Als Baan Nana auf Wirken der Brückenkinder hin 1999 als eine weiter gefasste Definition der Brücken-Peergroup entstand, fand er Vertrauen in einen dort pädagogisch tätigen Menschen. Er ging eine Beziehung ein, die für ihn bedeutungsvoll war. Mit dem Weggang dieser Person ging die Bindung an Baan Nana verloren. Die Strukturen dort empfand er als zu eng. In der Schule, die er besuchen sollte, wurden die Baan-Nana-Kinder als Bettler beschimpft und als Außenseiter behandelt. Auf das Grundstück, wo er ein Zuhause finden sollte, flogen von den Nachbarn her Steine über die Gartenmauer. Seine Kompetenzen konnte er in Baan Nana nicht zum Einsatz bringen - er fühlte sich ohnmächtig, abhängig und untätig. Außerdem fehlte ihm der Drogenkonsum. (Bedingung für ein Verbleiben in Baan Nana ist die Drogenabstinenz; die psychischen Auswirkungen des Entzugs werden unterschätzt, und es gibt für chronisch Abhängige keine effizienten Konzepte zur nachhaltigen Bewältigung.)

So kehrte Aphu zur Brücke zurück und blieb, obwohl ihm bewusst war, dass seine Freunde mit dem Verkauf von Kindern die Grenzen des Moralischen hinter sich ließen, und dass es dort in Zukunft schwieriger werden könnte.

Als sich mit der Inhaftierung der meisten 'Jungen der Brücke' die soziale Grundlage des Verbleibs an der Brücke auflöste, schloss er sich den Familienstrukturen seines jüngeren Freundes Lakue an. Mit Lakue und einigen anderen jüngeren Jungen beginnt er wieder, eine Gemeinschaft von 'Kindern der Brücke' aufzubauen und wünscht sich doch zugleich ein Leben, wie es ihm Fernsehen und Maesaibesucher vorführen. Wo anders es suchen als in der Stadt? Wo die Reichen herkommen, wird auch er einen Platz finden, stellt er sich vor.

Sein Selbstbewusstsein begehrt dagegen auf, sich als einer der den Reichen unterlegenen Armen zu verstehen. Wer reich ist, weiß er, hat die moralische Pflicht, den Armen zu geben. Deshalb stehe ihm die Gabe der Reichen zu, folgert er, und er wird wütend, wenn jemand ihn aufgrund seiner Armut verachtet. Damit rennt er jedoch gegen eine Wand. Die Reichen haben Macht, viel Macht über ihn. Er hasst die Ohnmacht, die soziale Rolle des Bettlers. Seine Wut kann nichts ausrichten gegen das soziale Regelsystem, das sich ihm übermächtig entgegenstellt. Seine Trauer, sein Hass, seine Wut finden keinen Platz. Sie lassen sich lediglich abkühlen, eingraben, hinunterdrücken, wegreden oder zunebeln.

Aphu versucht immer noch auf der Seite der Moral zu bleiben. Deshalb bettelt er, als wäre er Kind oder ein Mädchen, er stielt nicht, dealt nicht, mordet nicht. Bisher erleichterte ihm sein Kindsein die Arbeit, mit zunehmendem Alter wird es jedoch schwieriger, Geld zu erbetteln. Jetzt ist er groß und darf auf ihre Hilfe nicht mehr hoffen. In etablierten Arbeitsfeldern bleiben ihm an der Brücke keine überzeugenden Optionen. Auch sucht er nach einer anderen Realität als die der Brücke. Er langweilt sich und sieht in den sozialen Welten der Erwachsenengeneration dort keine Zukunftsentwürfe. Migration hat sich für ihn schon einmal als erfolgreiche Strategie erwiesen. Er will erneut auf Wanderschaft gehen. Dass seine Mutter mit ihren Forderungen und Vorwürfen unerwartet wieder auf den Plan tritt und seine Vergangenheit ihn einzuholen droht, stellt für ihn einen weiteren Grund dar, das Heil woanders zu suchen.

Asan[36]

Eines Tages während der zweiten Feldphase kam Asan überraschend ins Shelter von Baan Nana. Er hatte sich seit Jahren hier nicht mehr blicken lassen. Momentan war er auf der Flucht vor der Polizei: Ein paar Wochen lang hatte er in der Shan-Armee gedient und war in einer militärischen Auseinandersetzung mit Truppen der Wa eingesetzt worden, in der die Shan schwer unterlagen. Daraufhin hatte er heimlich das Weite gesucht und dabei fünf Sprengkörper mitgehen lassen, die er bei einem Shanfest hochgehen lassen wollte. Zurück in Tachileik, trug er sie mit sich herum, bis er in eine Polizeikontrolle geriet und inhaftiert wurde. Es gelang ihm jedoch nach ein paar Tagen, sich und sieben andere Häftlinge aus dem Gefängnis zu befreien.

In Baan Nana war er schon früher einige Male für kurze Zeitspannen gewesen, war aber immer wieder in den Ort zurückgekehrt. Auf das durch uns entgegengebrachte Interesse reagierte er erfreut und willigte ein, die Protagonistenrolle im entstehenden Dokumentarfilm einzunehmen.

Seine Haut ist dunkler als die der anderen Kinder, weil seine Vorfahren in Bangladesh gelebt haben. Manchmal wird von den anderen Kindern als 'Schwarzer', 'Muslim' oder 'Kula[37]' gehänselt. Wo immer er auftritt, nimmt er eine Sonderrolle ein. Er ist selbstbewusst, weiß, dass er Charisma hat und attraktiv wirkt: "the girls fall for me". Vierzehn Jahre sei er alt, sagt er. In Anbetracht seiner biographischen Erzählungen ist dies schwer zu glauben - ein, zwei Jahre kann man wohl hinzu denken. Er ist ein begnadeter Künstler, ein guter Handwerker und erfolgreicher Boxer - in Tachileik hat er viele Preise beim Boxkampf gewonnen. Er ist ein unterhaltsamer Zeitgenosse, hat viel Humor, verhält sich in der Regel nett und kameradschaftlich.

Im Laufe der Gespräche und der Dreharbeiten werden seine biographischen Erzählungen weniger selbstdarstellerisch, dafür nachdenklicher. Zweifel und

---

[36] Im Gegensatz zu den anderen portraitierten Kindern liegen von Asan aufgezeichnete und zusammenhängende biographische und narrative Interviews vor. Er kommt deshalb im Folgenden ausführlicher selbst zu Wort, und es finden sich einige längere Passagen der Interviews, auf die ich mich im Text beziehe, im Anhang. Die angeführten Aussagen bestehen aus gekürzten und zum Teil zusammengefassten Ausschnitten von Gesprächen, die zu unterschiedlichen Zeitpunkten stattgefunden haben. Die Gespräche wurden geführt von Jeab und mir, zumeist in Anwesenheit von Mike Daly, und auf Video aufgezeichnet. Von einer Übersetzung ins Deutsche wurde aus den, in Kapitel ‚Wege der Kommunikation' dargelegten, Gründen abgesehen.

[37] Myanmarisch: abwertende Bezeichnung für Inder.

Widersprüche werden deutlicher. Es wird klarer, welche Wirkung vergangene biographische Erfahrungen auf sein gegenwärtiges Lebensgefühl haben. Zwei Wochen nach seiner Ankunft verschwindet er wieder aus Baan Nana - unangekündigt, aber nicht unerwartet. Wenige Tage später meldet er sich bei uns und ist bereit, die Gespräche fortzuführen - allerdings unter der Bedingung, im Shelter nicht Bescheid zu geben. Er hat dort drei Fahrräder geklaut, sie verkauft und das Geld in Amphetamine gesteckt. Finden könnten wir ihn auf der Brücke, die Polizei sei nicht mehr so gefährlich für ihn. Seine Pläne, die er zuvor unterbreitet hatte, in Baan Nana eine Mechanikerausbildung zu beginnen und ein 'good man' zu werden, habe er auf später verschoben.

Asan ist der dritte und jüngste Sohn einer jungen muslimischen Familie aus Rakhein[38]. Kurz nach seiner Geburt kamen sie nach Tachileik. Der Vater war Soldat der myanmarischen Armee, desertierte und befindet sich seit einigen Jahren in Haft in Kyaington; die Mutter betreibt einen Sonnenbrillen-Verkaufsstand in Maesai. Asan's zwei Jahre älterer Bruder Mulo lebt in Tachileik und unterhält eine homosexuelle Beziehung zu einem Schweizer, der regelmäßig nach Maesai kommt und einen wichtigen Beitrag zum Familieneinkommen leistet. Auch Asan bekommt regelmäßig Geld von ihm, grenzt sich aber von dem Bruder ab, bezeichnet ihn verächtlich als 'Mädchen' und gerät bei jedem Zusammentreffen in heftige Auseinandersetzung mit ihm. Auch die Beziehung zu den anderen weiblichen Personen in seiner Familie, seiner Mutter und seiner Tante, sind schwer belastet. Wenn er über sie redet, sprechen Verzweiflung, Hass und tiefe Verletzung aus seinen Schilderungen. In seinen Augen hat die Mutter Verrat am Vater begangen, indem sie ihn einige Jahre zuvor nach der Flucht aus dem Gefängnis der Polizei übergeben hat, nachdem er sie in einem Streit um seine Geliebte im Drogenrausch verprügelt hatte. Darüber hinaus hat die Mutter - in 'Komplizenschaft' mit ihrer Schwester und deren Mann - Asan viele Male und über Monate hinweg im Elternhaus angekettet[39], - als pädagogische Maßnahme, die den Sohn davon abbringen sollte, dem Vorbild seines drogenabhängigen Vaters und seines ältesten Bruders zu folgen, welcher zu jener Zeit als Drogenhändler und Bandenboss an der Brücke lebte. Die Beziehung zu seiner Mutter fasst Asan folgend zusammen:

> I don't know. I was never close with her. When I get a little bit close to her she just starts yelling at me. We never had a single day of speaking well to one another. We talked, but never close to one another. I was never close with her but when I ask her for things she always gives them to me.

Fast alle männlichen Figuren seiner Familie werden von Asan hingegen hoch stilisiert und heiß verehrt. Zu ihnen gehören sein ältester Bruder, der Onkel vä-

[38] Rakhine ist der an Bangladesh angrenzende, südwestlichste Unionsstaat Myanmars.
[39] Asans Bericht hierzu, siehe Anhang 9.

terlicherseits und allen voran Asans Vater und Großvater. Sein Großvater, so berichtet er, war vor seinem Tod Oberhaupt eines muslimischen Dorfes und verfügte über magische Fähigkeiten. Asan bezeichnet ihn als sehr gelehrt. Er war in Besitz vieler Bücher, die ihn, Asan, hätten lehren können, ein guter Mensch zu sein - dass er es versäumte, sich dafür zu interessieren, als noch Gelegenheit dazu bestand, kann sich Asan nicht verzeihen[40]. Auch die Figur seines Vaters verkörpert für ihn das menschlich Gute. Dessen Verfehlungen - dass er zu den schweren Familienkonflikten beitrug, und ihn, Asan letztendlich im Stich ließ - entschuldigt der enttäuschte Sohn, der sich trotz allem als meistgeliebtes Kind seines Vaters zu wissen glaubt, aus der Übermächtigkeit der psychischen Dynamik von Rauschgiftabhängigkeit heraus, der auch er selbst verfiel - allerdings, so betont er, ohne Zutun seines Vaters[41].

Der Bruder, mit dem er jene erste Zeit an der Brücke teilte, in der er zum Drogenkonsum kam und als äußerst glückliche Phase erinnert, ließ ihn alleine zurück und zog nach Chiangmai[42], wo er seitdem verheiratet und im Drogengeschäft tätig ist. Auch an den Onkel väterlicherseits pflegt Asan nur positive Erinnerungen. Aber auch dieser verließ ihn. Eines Tages fand ihn Asan tot auf, er hatte sich erhängt[43].

Seine ersten Lebensjahre erinnert Asan als eine glückliche Zeit.

> "When I was young I was happy everyday. It was when I grew up I became unhappy. I lost my uncle, my dad and my brother. They all went in different directions."

Er litt so unter den familiären Konflikten, dass er dazu überging, seinen Lebensmittelpunkt gemeinsam mit seinem ältesten Bruder auf der Brücke und mit Drogen zu gestalten[44]. Gegen den Zwang, mit dem die Mutter versuchte, ihn davon abzuhalten, wehrte er sich hartnäckig, ergriff mehrmals die Flucht, raubte das Elternhaus aus und versuchte, es niederzubrennen[45].

> She would catch me and chain me up. So when they chained me up I didn't want to stay. I ran away. I ran away from home so often that I felt like I had no home. I only have the street. I never feel like I have a father or a mother or uncle. I never think like that. I stay alone.
> When I talk about it I get really angry. If they weren't family I'd kill them all. If they weren't family, I'd kill them all. But because they are my family, I don't want to do that.

---

[40] Asan über seinen Großvater, siehe Anhang 10.
[41] Asan über seinen Vater: siehe Anhang 11.
[42] Asan über seinen Bruder und die Anfänge auf der Brücke: siehe Anhang 12.
[43] Asan über seinen Onkel: siehe Anhang 13.
[44] Seinen Übergang zum Brückenleben schildert Asan im Anhang 14.
[45] Von seinen Überfällen auf die eigene Familie berichtet Asan im Anhang 15.

They wanted to stop me using amphetamines. When I use amphetamines it's got nothing to do with them. I tried to tell them many times. They have their lives, I have mine. They shouldn't interfere.

Obwohl Asan die Maßnahme des Ankettens als Freiheitsberaubung und schweren Angriff auf die persönliche Integrität erlebte, wendete er sie wieder an - gegen seinen Cousin Achi[46]. Jener kehrte jedoch, genau wie Asan, später zur Brücke zurück, und findet in seinem älteren Cousin ein Rollenmodell.

Ab dem Zeitpunkt, an dem ihn die letzte seiner Vorbildfiguren, der Bruder, verlassen hat, beginnt Asan seine Biographie als Verfallsgeschichte zu lesen - er beschreibt den Prozess, in dem er sich - in für ihn unverzeihlicher Weise - von seinem Ideal des 'guten Menschen' entfernt.

I'm addicted. And then my older brother left to stay in Chiang Mai. It happened to me. [...] Sniff glue. If I didn't have any money I'd just steal it. I do everything bad. Drugs. I used all of them. I just lived from one day to next, just got by. Sometimes when I did something wrong, I ran away. Later I'd come back. I just got by. [...] During the night I stole motorbikes. During the daytime on the weekend I stole bicycles from the computer game-cafe. During the night I stole motorcycles. If I couldn't get any motorcycles, I stole cooking-pots. Pots and metal. I lived like that for a long time until Kru Ngaow tried to help me.
Each kid [on the bridge] is free and takes care of itself. On the bridge you're just by yourself. I only have the street. I never feel like I have a father or a mother or uncle. I never think like that. I stay alone. I do everything right. I think like that. I just stayed and stayed. So I never thought that if I do this then will happen. I never thought like that. I just did things. [...] I was never close to love. I'm close to how to hold a gun or a knife. I have a bad heart. I'm close with bad heart.

Die Drogenabhängigkeit sieht er als Dreh- und Angelpunkt im charakterlichen Verfall seiner selbst und anderer, als einen Prozess, an dessen Ende der sowohl soziale als auch physische Tod zu erwarten ist[47].

Im Laufe der Jahre an der Brücke werden jedoch andere Personen, allen voran Kru Ngaow - den er als denjenigen Menschen bezeichnet, der ihm in seinem Leben am meisten geholfen habe - und sein Freund Aphu[48] für ihn wichtig. Von ihnen erfährt er Unterstützung und sie werden ihm zu Vorbildern.

Er kommt nach Baan Nana, wo er seine bisherigen Erfahrungen hinter sich lassen will.

I want to stay at Childlife. I want to stay. I don't want to stay with my mum. I don't want to stay with the others. I want to stay alone. I don't want to stay with other people that I already know. My country also. I don't want to stay there. I don't want to stay. The country that I was born in, the village that I was born in, I

[46] Wie in Kapitel ,Die 'Kinder der Brücke'' beschrieben.
[47] Diesen Ablauf erklärt er anhand seiner eigenen Bildillustrationen im Anhang 16.
[48] Asan über Aphu: siehe Anhang 17.

don't want to stay there. I'm going to stay with someone who doesn't know where my village is. He [Kru Ngaow] found me in the street. We talked with each other in the street. I want to stay with him. If not him, then I don't want to stay with anyone. [...]
My face [appearance] will change and I will change also. Like I told Ngaow, I'll work in a mechanics workshop and fix cars and motorbikes. If I can work at a mechanics shop I won't go anywhere. I'll stay in Thailand.

Er stellt sich vor, eines Tages mit Hilfe eines magischen Tattoos Rache üben zu können:

[...] You can just kill me. I'd rather want that than going back. I remember all of them. When I'm old enough I'm going to do something. When someone ever does something to me, I remember everything. Everything that they ever said to me, I remember.
J.: What do you want to do with them?
A.: I'll do what they did to me. I still have 4 more bombs [from the Shanarmy]. When I'm 18 years old I'm going to give a lesson to everybody. The main ones are the people who I'm not content with. The people who I'm most discontent with.
Next year I'll go to Yangon by car. If I go there I want to get a tattoo of a giant. Then I'll kill all the people who make me feel discontent. I want to get the giant tattoo. Its name is Alawaka. When I come back from Yangon I'm going to kill all of them.

Aber er verspürt auch eine starke Gegenkraft, die ihn davon abhält, durch eine Zukunft in Baan Nana doch noch seinem Bild vom 'anständigen Menschen' gerecht werden zu können:

Sometimes I want to be a better man. That's why I stay there [in Baan Nana]. But I can't, somebody cut it out. When he cut it I just fall down. It just happens like that. I don't know when I will [become a better man].
[...] In my head when something happens, I just do it suddenly. [...] I don't know. Sometimes when I get angry I just want to go away. I do what ever I want I steal what ever I want. After I steal something I take the amphetamines. I do something like that.

When I stay I stay at the shelter I get so bored. I do nothing here. I take care of the children and help the adults with the construction. That's all. [...]
When I'm alone I get really bored and I go out and do something. Sometimes I sing. Things like that. Sometimes I just sit and feel really sad. I think a lot. Last night I got really angry. I draw a lot of pictures. I didn't sleep. I had two cigarettes. I smoked them and went out. When I arrived at the front of the shelter I just thought, where should I go? I didn't want to go. Just came back.
I always smile but I'm not happy inside. It's the truth. I don't know why. Sometimes I get angry at people. I don't know why. But I want to kick everything and punch. That's what I do. I yell at people but I don't know why. [...]

Später, als er wieder zurück an der Brücke ist, sagt er:

> I don't want to go back to Baan Nana anymore. I want to stay on the bridge. There's nothing for me when I stay at Baan Nana - I just stay there day by day and be the ugly kid.

Im Shelter leidet er unter Albträumen und Ruhelosigkeit, er fühlt sich hässlich und als Außenseiter, unterfordert, nutz- und kraftlos. Eines Nachmittags schlitzt er die Haut seiner Arme mit einem Beil auf und weigert sich, es sich wegnehmen zu lassen. Sein ständiger Begleiter ist ein Schlagring. Er sagt, er habe Liebeskummer, weil seine Angebetete nicht mit ihm rede, er erzählt im Zusammenhang mit einer Traumschilderung[49] , dass dieses Mädchen ihn an seine erste große Liebe erinnere - ein Mädchen aus Yangon, welches aus einem Zug gestürzt und dabei ums Leben gekommen war. Dann beginnt er mit detaillierten Schilderungen der myanmarischen Gefängnisbedingungen, berichtet davon, dass er selbst mehrere Male beinahe erschossen worden wäre[50]. Er erzählt von Freunden, die an der Brücke ermordet wurden[51], und schließlich davon, dass er, als er acht war, einem Jungen bei einer Prügelei schwere Verletzungen zufügte und dessen Tod verschuldete[52]. Deswegen hat er bis heute Schuldgefühle.

> Because it was just children fighting, because of that it wasn't so bad. You can't ask why and you can't punish, when someone's that young. Informing things like that to the police isn't a good idea. Because they are so young. When it's just children, the older people can't do anything. That's why I didn't go to jail, even though I should be there.

Auch in den anderen Situationen wurde er Zeuge von Horrorszenen, fühlte sich ohnmächtig und konnte das Geschehen nicht beeinflussen. Erfahrungen dieser Art kennen die meisten Brückenakteure. Asan grenzt sich davon ab, indem er - wie auch die Eltern der getöteten Kinder - Argumente dafür findet, dass der Tod besser sein könne als das Leben:

> His parents said that it was good that he died (Archi). [...]
> The parents said it was good for him to die, if he hadn't died he'd still be bad. They said it was good for him to die (Nakop). [...]
> For me, I also think that it was good that he died. [...]
> It's good to die. If you die it's good. You don't need to walk; you don't need to find anything. You don't get hit, you don't get yelled at. It's good to die.

Asan selbstversichert sich seiner Stärke:

---

[49] Hierzu siehe Anhang 18.
[50] Asan über lebensgefährliche Erlebnisse: siehe Anhang 19.
[51] Siehe Kapitel ,Von Geschäften der Kinder und deren Risiken'.
[52] Siehe Anhang 20.

I'm not scared of anyone in the whole world. I'm not scared to die. [...] If they want to kill, please kill. If they want to kill me, I'm happy. If they kill me I'm happy, I'm not afraid of death.

Als wir nach einem Krankenhausbesuch[53] zusammen in Maesai unterwegs sind, wünscht er, seine Mutter in ihrem Laden zu besuchen, um sie um Geld zu bitten. Hierbei lerne ich die überraschend junge Frau kennen und bekomme einen Eindruck vom Kommunikationsstil zwischen Mutter und Sohn: Obwohl seine Mutter zunächst abwehrt, steckt sie ihm letztendlich Geld zu.

Sie unterhalten sich vor uns normalerweise in thailändischer Sprachen, gehen aber von Zeit zu Zeit ins Myanmarische über[54].

Asan: Sister, give me 50 baht and I'll leave.
Mother: Don't even expect one baht from me. You can sit here all day, up to you. *(goes on in Thai:)* Do you want to be slapped 6 or 7 times on your face in front of all these people by yelling at me like this?
Asan: Mmm. If you don't want me to come I won't come.
Mother: It's much better for me if you don't come. I didn't ask you to come.
Asan*(loud, aggressive):* When I was young why did you stop me from going out? [...]
Mother: Go, go. Go, don't scream in my shop. Don't try to make trouble here or I'll get the police.
Asan: Go and get the police. I'm not afraid. I don't care about prison.
Mother: *(in Myanmar, very quiet)* If possible don't come. I don't want to see your face anymore. You can go and die wherever you want to die. Don't come here to fight or kill or start any problems. Don't come and see me anymore. I don't want to see you at all. You're a grown man already, you could try to find a job for yourself instead on relying on me. Why do you look at me like that. Who do you think you are? You're just an opium eater and drug addict. You're a low life *(uses term for low ranking creatures)*. Go and ask someone else for money.
Asan: You mean Mulo (Asans next older, gay brother)?
Mother: I don't mean Mulo. Anyone.
Asan: If not Mulo, why did you ask to go and beg?
Mother: Go, go, just go. Go, Don't stay here. I feel embarrassed when people pass by my shop.
Asan: I'm not going.
Mother: Get lost immediately! I don't want to see your face anymore. Otherwise when I get angry I'll start throwing glasses at your face. Did you hear what I said? If you stay like that don't come here anymore. Go and do what whatever you want to do but don't give me any trouble.

[53] Asan hatte Verdacht auf Tuberkulose, weil er mit einem erkrankten Freund im Shelter Zigaretten geteilt und sein Gesundheitszustand sich daraufhin verschlechtert hatte.

[54] Vermutlich tat die Mutter dies, weil sie in den betreffenden Aussagen nicht unmittelbar von uns verstanden werden wollte. Sie nahm an, dass wir kein Myanmar verstanden, da wir in Thai und Englisch kommunizierten. Durch die Aufzeichnung der Gespräche, der sie zuvor zugestimmt hatte, war es jedoch möglich, das Gesagte festzuhalten - ein Umstand der ethisch diskussionswürdig ist.

Asan ist im Verlauf des Gesprächs stiller geworden. Schließlich steht er auf, wendet sich zum Gehen. Er bittet, ins Condotel gehen zu können, den Schweizer um Geld zu bitten. Seine Mutter schickt ihm auf Myanmar nach:

Mother: Why don't you go with them to their country?
Asan: With whom?
Mother: With the foreigners.

Dann zu Jeab und mir gewandt, freundlich, scherzend (in Thai):

Mother: And where are you going *now*?
Jeab: I'm taking him back to the shelter. I'm worried about him going to the bridge because now he has the money.
Mother: Yeah.
Jeab: Yesterday he tried sniffing glue but he couldn't breathe [because of his sickness]. I'm really happy.
Asan: (laughs)
Mother: Tie him up. Just tie him up.
Jeab: *(scherzhaft)* Oh, I should get some chains.
Asan: Jeab.
Mother: Tie him with a chain.
Asan: (laughs)

Einige Tage später ist Asan aus dem Shelter verschwunden, mit ihm die Fahrräder. Wir treffen ihn auf der Brücke, von seinen Freunden umgeben. Er scheint so vergnügt und zufrieden zu sein, wie ich ihn noch nie zuvor erlebt habe.

Durch Zugriff auf alte Netzwerke hatte er sich sofort einen neuen Brotjob verschafft. Er erzählt stolz und heiter von seinen besonderen Fähigkeiten beim Verkauf von Amphetaminen auf dem Friedhof Tachileiks[55]. Auch für die Zukunft präsentiert er konkrete Pläne, vertrauend auf die Vorhersagbarkeit der Chancen in der Grenzgesellschaft, in deren Strukturen er sich fachmännisch auskennt.

I got to know him [the teacher] when I was really young. I went to his house with my father everyday. Because he's so rich nobody will speak up against him. Everybody just agrees with him when he talks. At the village he is the gangster boss. Like that. All the people just call him teacher, teacher. His real name is Mii-We. [He is] Wa. Mii-Wee.
I have my teacher. I don't worry at all. He'll teach me. He'll teach me. I just keep close with him. When I'm close with him I'll get experience with the big things,

[55] Siehe Anhang 21

like amphetamines. He will teach me. I'll get to know the people who do the big stuff. Like that. The process.

Er trifft keine klare Entscheidung für die Brücke: "Life is like a clock.", sagt er als ich ihn nach seinen anderen Plänen frage. "It's ticking back and forth. I don't know when the battery will run out."

Erläuterungen

Asan fühlt sich durch seine familiäre Situation belastet. Die Enttäuschungen und sequentiellen Traumatisierungen (Keilson 1979) finden keinen Abschluss. Sie bleiben nicht zuletzt dadurch aktuell, dass keine konsequente Settingveränderung stattfindet, sondern Asan sich nach wie vor im selben sozialen Umfeld bewegt. Seine Gefühle des Entsetzens und der Trauer, seine Erfahrungen von Bedrohung und Selbstzerstörung kann er in diesem Umfeld kaum in Bewältigungsprozesse umsetzen.

Auf der anderen Seite ist dieses Setting ein Agitationsfeld, aus dem er eine starke Position, Energien, Lebenssinn und -freude gewinnt. Seine Kompetenzen entwickelte er in Antwort auf Herausforderungen seiner Biographie, sie bestehen jedoch aus Qualitäten, die in etabliert-gesellschaftlichen Kreisen als unerwünscht, unmoralisch, als Charakteristika 'schlechter Menschen' gelten.

Asans innerer Widerstreit besteht darin, dass diese ethischen Werte auch für ihn plausibel und erstrebenswert erscheinen, da sie durch alte und neue Vorbilder und Vertrauenspersonen verkörpert werden. Er kennzeichnet sich selbst als minderwertigen, von Grund auf schlechten Menschen und unternimmt angestrengte Besserungsversuche, die aber missglücken. So kehrt er zurück in die Strukturen, in denen er brilliert, sich anerkannt und stark fühlt.

Der Grund, warum er es 'nicht schafft', etablierten Normen zu entsprechen, so könnte eine These lauten, ist nicht nur durch eine aus traumatisierenden Konstellationen und Drogenabhängigkeit herrührende Schwierigkeit, eine stabile Persönlichkeit zu entwickeln. Vielmehr kommt hinzu, dass Hintergründe seiner 'Pendelbewegungen' auch in der subjektiv unterschiedlich wahrgenommenen Funktionalität der beiden zueinander widersprüchlichen sozialen Teilsysteme liegt.

Teil V

Ausblick

Trauma und Resilienz

In vielen Momenten erscheinen die Brückenkinder als lebendige, starke und glücksfähige junge Menschen: kreativ und optimistisch, energieerfüllt, vertrauensvoll. Dass die von ihnen erlebten Erfahrungsabgründe für sie aber sehr wohl psychische Belastungen bedeuten, wird erst nach längerer Bekanntschaft von den Kindern thematisiert. Die Eigenschaften von - mit dem Brückenumfeld vergleichbaren - Settings werden entwicklungspsychologisch als 'Risikofaktoren für positive Kindesentwicklung' eingeschätzt (vgl. Wustmann 2004, S. 36 ff). Dass die Kinder an den Widrigkeiten ihrer Lebensumstände jedoch nicht einfach zerbrechen, ist ihren Widerstandskräften, ihrer Resilienz, zuzuschreiben und ihren Strategien, Probleme auch als Herausforderungen zu begreifen. Ob und in wieweit äußere Umstände zerstörerische Einflüsse auf die Psyche eines Individuums üben können, hängt von dessen jeweiliger Wahrnehmung und Vorerfahrung ab. Diese Subjektivität konstituiert sich aus verschiedenen Hintergründen, die entweder die Souveränität der Person stärken oder ihre Verletzbarkeit fördern können.

Wenn von widrigen Lebensumständen die Rede ist, geht es meistens um Gewalterfahrungen, wenn auch in verschiedenen Qualitäten. Gemein ist gewaltvollen Konstellationen das Erlebnis der Ohnmacht und eines Verlustes (z.B. der Verlust der Würde, der Integrität und des Selbstbewusstseins, oder der Verlust von geliebten Personen), gemein ist die psychische Reaktion auf Verlust, die Trauer.

Die psychische Konstitution und der Verlauf eines Trauerprozesses entscheiden darüber, ob das Erlebte als akzeptierter Bestandteil in die eigene Geschichte integriert und bewältigt werden kann. Trauer braucht, um erlebt werden zu können, Raum und setzt voraus, dass der Verlust anerkannt werden kann (Becker 2006, S. 183-184). Dieser Raum für Anerkennung und Bearbeitung des Erlebten existiert für die Akteure in unterschiedlichem Umfang und in verschiedener Gestalt.

Ihre Bewältigungsstrategien beinhalten eine große Bandbreite von Verhaltensweisen, die das gemeinsame Ziel verfolgen, die Lebensfähigkeit des Menschen zu erhalten. Hierzu hält die Psyche Abwehrmechanismen bereit: Erinnerungen an belastende Erlebnisse werden verdrängt; durch Dissoziationen werden zu schmerzhafte Teile des Selbst neutralisiert; Aggressionen verwandeln sich in Autoaggressionen, bei denen die Person das Gefühl bekommt, sich selbst nicht zu spüren und verletzten zu müssen. Eine Uminterpretation der Biographie - in der Zerstörerfiguren ausradiert, ihrer Macht beraubt, oder bestraft werden - gehört zu den Lösungsversuchen ebenso wie der Rückgriff auf Drogen, die das Vergessen befördern und Glücksmomente gewähren, die helfen, Albträumen zu entgehen und Aggressionen zu besänftigen. Überaktivität lässt die traumatische Erinnerung verblassen, Macht scheint gegen Ohnmacht zu helfen, die eigene Ausübung von Gewalt verwandelt Opfer in Täter (vgl. Reddemann/Sachse 1997; Huber 2003).

Trauerprozesse finden vor allem in sozialen Räumen statt, hier können Ressourcen zur Bewältigung schwieriger Erfahrungen liegen. Aus sozialen Gemeinschaften und gemeinschaftlichen Tätigkeiten generieren Individuen Kräfte, welche sie zum souveränen Umgang mit Problemen, zu ihrer Annahme als Herausforderungen befähigen. Die Aktivierung sozialer Ressourcen, wie sie zum Beispiel durch die Suche der Kinder nach Unterstützung und durch die Entwicklung und Pflege sozialer Netzwerke und Freundschaften geschieht, hilft im Umgang mit psychischen Belastungssituationen. Die Erfahrung, ein kompetentes und anerkanntes Mitglied menschlicher Gemeinschaft zu sein, mobilisiert Energie und Zutrauen in die eigenen Fähigkeiten, neue Aufgabenstellungen anzugehen. Je stärker dieses Gefüge aus sozialer Unterstützung und 'Self-Empowerment' ist, desto resilienter ist ein Individuum gegenüber den Grausamkeiten, die seine Welt ihm offenbart.

Es gibt allerdings extreme Konstellationen und extreme Belastungsmomente, "[...] existentielle Erfahrungen, in denen die Endlichkeit des eigenen Lebens konkret erfahren wird[133]", die in einer vernichtenden Weise Menschen ihre Ohnmacht spüren lassen, die traumatisierend wirken.

Die klassische Vorstellung von einer singulären, abgeschlossenen Erfahrung, welche eine voraussagbare psychische Reaktion, eine 'Posttraumatische Belastungsstörung' (PTSD) hervorrufen soll, erreicht die psychosozialen Realitäten von Traumata, vor allem im Hinblick auf verschiedene soziokulturelle Kontexte, nicht (vgl. Becker 2006)[134]. Die Theorie einer 'sequentiellen Traumatisierung',

[133] Butollo/Gavranidou (1999); zit. nach Wustmann 2004, S. 39

[134] In seiner kritischen Reflexion der gängigen psychologischen Traumatheorie warnt David Becker (2006) vor einem vereinfachten Verständnis von 'Trauma'. Mit dem 'Symptomkatalog' des PTSD-Konzeptes ('posttraumatic stress disorder'), in welchem Traumata als Ereignisse verstanden werden, die eindeutig bestimmbare Konsequenzen haben, seien die Wirklichkeiten von Traumata nicht ausreichend zu erfassen (ebd. S. 184 ff). Phänomene, die als Trauma bezeichnet werden, müssten stattdessen im Kontext ihres jeweiligen psychosozialen Feldes betrachtet werden, da Qualität und Quantität traumatischer Sequenzen in unterschiedlichen Kontexten höchst verschieden sein können und sich der Begriff 'Trauma' nicht global definieren lasse. Die Phänomene, die mit diesem Begriff bezeichnet würden, seien jedoch als individuelle und soziale Prozesse Realität. Für eine Aufklärung traumatischer Wirklichkeiten fordert Becker "klare kontextspezifische Darlegungen über psychische und soziale Dimensionen" (ebd. 2006, S. 179), wofür die Zusammenarbeit verschiedener gesellschaftswissenschaftlicher und psychologischer Disziplinen zu bemühen sei. Trauma könne grundlegend verstanden werden als extremste Form von Ohnmachtserfahrung. Sie kann in Lebensprozessen in unterschiedlichen Qualitäten auftreten: z.B. als individuell biographische Erlebnisse, in Form struktureller Gewalt (z.B. Armut) und als nicht überwundene historische

die das Trauma als einen lang anhaltenden Prozess sich verändernder traumatisierender sozialer Situationen und Konstellationen - Sequenzen - beschreibt, wurde 1979 von Hans Keilson entwickelt. Ein 'Nach dem Trauma' gibt es nach diesem Verständnis nicht, und man nähert sich der Erkenntnis, dass Traumatisierungen transgenerational fortwirken können.

Das belastende Ereignis trifft auf eine stärkere oder schwächere Resilienz des Kindes. Die Resilienzforschung (vgl. z.B. Wustmann 2004) versucht nachzuvollziehen, unter welchen Umständen welche Art von Erfahrungen Kindern Schaden zufügen können, welche Prädispositionen sie immunisieren und welche psychischen Strategien erfolgreich sein können.

Im Fall der Brückenkinder muss davon ausgegangen werden, dass viele von ihnen Erfahrungen machen (und gemacht haben), die traumatisch sind. Deutlich werden jedoch auch ihre Resilienzressourcen, welche sie in vielen Fällen vor schweren psychischen Beeinträchtigungen bewahren. Als solche erkannt, können sie aufgegriffen und gestärkt werden. Eine Pädagogik, die Brückenkinder als kompetent Handelnde begreift, kann in Partnerschaft mit ihnen konkrete, situative Lösungsstrategien erarbeiten. Eine Institution, wie Baan Nana, die mit diesen Kindern arbeitet, könnte sich als eine Art 'bessere Peergroup' begreifen, als eine soziale Gemeinschaft, deren Strukturen durch die Akteure selbst verhandelt werden, die den Einzelnen in seiner Eigenverantwortlichkeit belässt und in seinen besonderen Qualitäten anerkennt und einbezieht. Eine solche Peergroup hätte die Chance, existenzbedrohende Elemente zu erkennen, zu kanalisieren und in andere ebenso funktionale, aber weniger zerstörerische Elemente zu überführen. Eine solche Institution müsste vor allen Dingen flexibel sein. Sie müsste bereit sein, das was sie über die Kinder zu wissen glaubt, zu hinterfragen und gemeinsam mit ihnen zu überprüfen. Kinder als wichtige und fähige Akteure ihrer Sozialwelt zu erkennen, hieße auch, dass ihre Tätigkeiten und Handlungspartner weiterhin Teil des Geschehens bleiben, dass sowohl die Familien als auch die ökonomische Produktivität der Brückenkinder in die Gegenwarts- und Zukunftsgestaltung mit einbezogen werden. An den vorhandenen Ressourcen anknüpfend, könnten gemeinsam Wege für gesunde Bewältigungsprozesse der Schlüsselprobleme gefunden werden. Hieraus könnte sich auch ein kontext- und historisch spezifisches Verständnis ableiten, von dem, was die 'Kindheit' (und das 'Kind-Sein') dieser Kinder ist und wie sie sein sollte, und von dem, was Pädagogen tun können, um die Kinder zu unterstützen, so resilient und souverän wie möglich gegenwärtigen und zukünftigen Anforderungen ihrer Welt entgegen treten zu können.

(Kollektiv-) Erfahrungen, die sich in ihrer Wirkung transgenerational fortsetzen.

Brückenkinder - Grenzgänger

> "Mit der Zeit hatte er sie kennengelernt, einen um den anderen, und er hatte erkannt, dass sie, obwohl Kinder, erwachsen waren, dass sie, obwohl noch kaum geschlechtsreif, alte Männer waren, denn ihre Geschichten erstreckten sich über Abgründe von Erfahrungen, jeder ein Held, Schurke und Opfer in seinem eigenen Drama."
>
> (Mankell 2005, S. 127)

Die in postindustriellen Gesellschaften vorherrschenden Konzepte erwachsener und kindlicher Identität mit der Zuweisung jeweils spezifischer Aufgabenfelder und Lebensräume, mit Erwartungen an Eigenschaften der Individuen, die eine universale Gültigkeit beanspruchen, weil sie naturalisiert gedacht werden - diese Konzepte haben in der Sozialwelt der Brückenkinder sehr wohl eine Relevanz, jedoch in Formen, die nicht nach bürgerlicher Absicht sind.

Das moderne Kindheitsbild bestimmt ihr Agitationsfeld in zweierlei Weise mit: Zunächst wird ihnen und ihren Familien ihr Kindsein zum Kapital, es legt ihren 'Beruf' fest und bestimmt ihren Wert als Arbeitskraft - und auch als Ware. Solange sie sich im Alter von zwei bis zwölf oder dreizehn Jahren bewegen, passt ihnen das Label 'Kind' perfekt. Ihr Marktwert, ihre Einkommenschancen und die ihrer Händler sind dann am höchsten.

Zum anderen eröffnen sich ihnen durch ihren Kindheitsstatus Schutz- und Handlungsräume, die von älteren Brückenakteuren nicht genutzt werden können. Dies reicht von einem besonders milden juristischen Strafmaß und der lockeren Sanktionierung von Regelverstößen bis dahin, dass ihnen eigene Institutionen zur Verfügung gestellt werden, die sie bei Bedarf nutzen, und in denen sie Unterstützung einholen können.

Die Problemstellungen, denen die Brückenkinder in ihrem Alltag begegnen, sind jedoch nicht in 'kindgerechter' Weise für sie vorkonzipiert, sie sind nicht nach pädagogischen Modellen adäquater Lernumgebungen zurechtgeschnitten, sie sind nicht in einer bestimmten Absicht entworfen worden und sind auch nicht durch eine einzelne Instanz kontrollierbar. Kinder an der Grenze sind, wie Erwachsene, mit Problemstellungen konfrontiert, welche die Wirklichkeit formuliert. Unter Rückbesinnung auf ihre eigenen Ressourcen und Fähigkeiten machen sich Erwachsene und Kinder an die Lösung. Die Anforderungen ähneln sich, so auch die Strategien, sie zu bewältigen. Mit einem altersstratifizierten Blick betrachtet, leben die Brückenkinder das Leben von Kindern, Erwachsenen und Greisen zugleich und erwecken den oft zitierten Eindruck, sie seien besonders 'erwachsen', 'lebens-weise', 'frühreif' oder 'ihrem Alter voraus'.

Ihre Kindheit verschafft ihnen besondere Handlungsspielräume und Privilegien, sie ist jedoch auch Ursache ethischer Dilemmata, und sie stellt in bestimmten Zusammenhängen, wie dem Menschenhandel, einen außerordentlichen Risikofaktor dar.

Die Kinder agieren in Grenzräumen, in Nähe zu und über konstruierte Begrenzungen hinweg. Sie überschreiten gesellschaftliche und theoretische Demarkationslinien, passen sich nicht in die vorgedachten Kategorien nationaler, ethnischer und altersgemäßer Verortung ein. Sie leben Brückenmodelle - verbinden kindliche und erwachsene Eigenschaften, die ländlichen sozialen Organisationsformen ihrer Eltern und Großeltern mit den Anforderungen eines urbanen, zeitgenössischen Alltags - und erfinden dabei neue Definitionen: als urbane und christliche Akha, in kindlicher Versorgerrolle und als staatenlose 'Thai-Myanmar'.

Die Brückenkinder gestalten die vorgefundenen Räume ihrer Lebenswelt unter Einbeziehung unterschiedlicher Zuschreibungen in aktiver und erfinderischer Weise, sie formulieren Lebensentwürfe, die in keine der vorgedachten Kategorien passen.

Teil VI

Literatur

Alting von Geusau, L. G.M. (2000): "Akha internal History: Marginalization and the Ethnic Alliance System." In: Andrew Turton (Hrsg.): Civility and Savagery. Richmond. S. 122-158.

--- (1992): "Regional Development in Northern Thailand: Its Impact on Highlanders." In: Johnson M. (Hrsg.): Capturing Environmental Knowledge. Ottawa. S. 141-163.

--- (1983): "Dialectics of Akhazang: The Interiorisation of a Perennial Minority Group." In: John McKinnon and Wanat Bhruksasri (Hrsg.): Oxford University Press. Kualalumpur. S. 243-77.

Ariès, Ph. (2000): "Geschichte der Kindheit." München.

Augé, M. (1988): "Ein Ethnologe in der Metro." Frankfurt am Main/New York.

Barley, N. (1997): "Traumatische Tropen. Notizen aus meiner Lehmhütte." München.

Bechsstedt, H-D./Legsomboon, W. (2004): "Global Economy and Social Change - A Case Study from Northern Thailand." Hohenheim/Chiangmai.

Becker, D. (2006): "Die Erfindung des Traumas - Verflochtene Geschichten." Freiburg.

Bendit, R./Heimbucher, A. (1977): "Von Paulo Freire lernen." München.

Benedict, R. (1935): "Zuni Mythology." New York.

Bertram, J. (1995): "'Arm, aber glücklich...' - Wahrnehmungsmuster im Ferntourismus und ihr Beitrag zum (Miß-)Verstehen der Fremde(n)." Münster/Hamburg.

Boas, G. (1966): "The Cult of Childhood." London.

Boyden, J./Holden, P. (1991): "Children of the Cities." London.

Brenner, P. J. (1989): "Die Erfahrung der Fremde. Zur Entwicklung einer Wahrnehmungsform in der Geschichte des Reiseberichts." In: Ders. (Hrsg.) (1989): Der Reisebericht. Die Entwicklung einer Gattung in der deutschen Literatur. Frankfurt am Main. S. 14-49.

Butollo, W./Gavranidou , M. (1999): "Intervention nach traumatischen Ereignissen." In: Oerter, R./von Hagen, C./Röper, G./Noam, G. (Hrsg.) (1999): "Klinische Entwicklungspsychologie. Ein Lehrbuch. " Weinheim. S. 459-477.

Caouette, Th. (2001): "Small Dreams Beyond Reach - The Lives of Migrant Children and Youth Along the Borders of China, Myanmar and Thailand." A Participatory Action Research Project of Save the Children UK. London.

Chaturabhawd, P. (1980): "People of the Hills." Bangkok.

Cohen, P. T./Lyttleton, Ch. (2004): "The Akha of Northwest Laos: Modernity and Social Suffering." A paper presented at the conference: "Impact of Globalization, Regionalism and Nationalism on Minority Peoples in Southeast Asia." Chiangmai.

Cummings, J. (1999): "Thailand." Lonely Planet. Hawthorn.

Cunnigham, H. (1995): "Children & Childhood in Western Society since 1500." London.

Donkers, J./Nijhuis, M. (Hrsg.) (1996): "Burma Behind the Mask." Amsterdam.

Donnan, H./Wilson, Th. M. (1999): "Borders: Frontiers of Identity, Nations and State." Oxford.

Duy Thieu, N. (1996): "Genealogical System of the Akha in Northern Laos." Paper presented to „The Second International Hani/Akha Conference", Chiang Mai/Chiang Rai, 12-18 May 1996.

Ende, M. (1973): "Momo - Die seltsame Geschichte von den Zeit-Dieben und von dem Kind, das den Menschen die gestohlene Zeit zurückbrachte." Stuttgart.

Ennew, J. (2000): "Street and Working Children. A guide to planning." In: Ders. (Hrsg): Save the Children UK. London.

--- (1994): "Parentless friends: A cross-cultural examination of Networks among Street Children and Street Youth." In: Nestmann, F./Hurrelmann, K. (Hrsg.) (1994): Social Networks and Social Support in Childhood and Adolescence. Berlin/New York. S. 409-426.

Erdheim, M. (1988): "Das Erdenken der Neuen Welt im 16. Jahrhundert. Entfremdung, Idealisierung und Verständnis." In: Ders. (1988): Psychoanalyse und Unbewusstheit in der Kultur. Aufsätze 1980-1987. Frankfurt am Main. S. 29-60.

Fiedler, M. (2004): "Lernprozesse und Lernformen bei arbeitenden und auf der Straße lebenden Kindern und Jugendlichen unter besonderer Berücksichtigung informellen Lernens." Diplomarbeit. Fachbereich Erziehungswissenschaft und Psychologie. Freie Universität Berlin.

Foucault, M. (1980): "Truth and Power." In: Ders. (1980): Power/Knowledge. New York.

Freire, P. (1971): "Pädagogik der Unterdrückten. Bildung als Praxis der Freiheit." Stuttgart.

Geertz, C. (1987): "Aus der Perspektive des Eingeborenen. Zum Problem des ethnologischen Verstehens." In: Ders. (1987): Dichte Beschreibung. Frankfurt am Main.

Goodman, J. (1997): „The Akha: Guardians of the Forest." Bangkok.

--- (1996): "Meeting the Akhas." Bangkok.

Grabowsky, V. (Hrsg.) (1995): "Regions and National Integration in Thailand 1892-1992." Wiesbaden.

Hall, S. (1992): "The West and the Rest: Discourse and Power." In: Hall, S./Held, D./ McGrew T.(Hrsg.) (1992): Formations of Modernity. London.

Hein Ch. (2004): "Hart an der Grenze." In: Merian. Heft 1/2004. Hamburg. S. 74-77.

Held, K. (1991): "Die Rote Zora und ihre Bande." Frankfurt am Main.

Hermanns, H. (1995): "Narratives Interview." In: Flick, U./Kardorff, E. von/Keup, H./ Rosenstiel, L. von/Wolff, S. (Hrsg.) (1995): Handbuch Qualitative Sozialforschung - Grundlagen, Konzepte, Methoden und Anwendungen. Weinheim. S. 182-185.

Hermanny, Ch. (1997): "Straßenkinder brauchen Spenden - wie international operierende Hilfswerke in Deutschland über 'Straßenkinder' informieren." In: Adick, Ch. (Hrsg.) (1997): Straßenkinder und Kinderarbeit. Frankfurt am Main.

Holland, P. (1992): "What is a Child?" London.

Honig, M.-S. (1999): "Entwurf einer Theorie der Kindheit." Frankfurt am Main.

Honig, M.-S./Lange, A./Leu, H. R. (Hrsg.) (1999): "Aus der Perspektive von Kindern? Zur Methodologie der Kindheitsforschung." Weinheim und München.

Hopf, Ch. (1995): "Qualitative Interviews in der Sozialforschung. Ein Überblick." In: Flick, U./Kardorff, E. von/Keup, H./ Rosenstiel, L. von/Wolff, S. (Hrsg.) (1995): Handbuch Qualitative Sozialforschung - Grundlagen, Konzepte, Methoden und Anwendungen. Weinheim. S. 177-182.

Honig, M.-S./Leu, H. R./Nissen, U. (1996): "Kindheit als Sozialisationsphase und als kulturelles Muster - Zur Strukturierung eines Forschungsfeldes." In: Dies. (Hrsg.) (1996): Kinder und Kindheit. Soziokulturelle Muster - sozialisationstheoretische Perspektiven. Weinheim.

Horstmann, A. (2002): "Class, Culture and Space. The Construction and Shaping of Communal Space in South Thailand." Tokio.

Huber, M. (2003): "Trauma und die Folgen." Band 1 und 2. Paderborn.

James, A./Prout, A. (1997): "Constructing and Reconstructing Childhood". London.

James, A./Jenks, Ch./Prout, A. (1998): "Theorizing Childhood." Oxford.

Jenks, Ch. (1982):"The Sociology of Childhood. Essential Readings." London.

Kammerer, C. A. (2000): "The Akha of the Southwest China Borderlands." In: Spongel, L. E. (Hrsg.): Endangered Peoples of Southeast and East Asia. Westport. S. 37-53.

--- (1989): "Territorial Imperatives: Akha Ethnic Identity and Thailand National Integration". In: McKinnon, J./Vielle, B. (Hrsg.): Hill Tribes Today: Problems in Change. Bangkok.

Kampe, K. (2003): "Lifelong Education as an Extension of Traditional Learning Systems - What can & does happen in ethnic communities Southeast Asia." Paper presented at the 2003 China International Forum on Education in Beijing, China, October 2003; and the Conference „Impact of Globalisation, Regionalism and Nationalism on Minority Peoples in Southeast Asia." In Chiangmai, Thailand, November 2004.

Keilson, H. (1979): "Sequentielle Traumatisierung bei Kindern". Stuttgart.

Kelle, H./Breidenstein, G. (1999): "Alltagspraktiken von Kindern aus ethnomethodologischer Sicht." In: Honig, M.-S./ Lange, A./Leu, H.R. (Hrsg.) (1999): Aus der Perspektive von Kindern? Zur Methodologie der Kindheitsforschung. Weinheim und München. S. 97- 111.

Keyes, Ch. (1989): "Thailand: Buddhist Kingdom as a Modern Nation-State." Bangkok.

Kleinmann, A./Das, V./Loch, M. (Hrsg.) (1997): "Social Suffering." University of California.

Kunz, St. (1997): "Die Müllkinder von Smokey Mountain in Manila: Traditionelle Sozialisation im Wertewandel." In: Adick, Ch. (Hrsg.): Straßenkinder und Kinderarbeit - Sozialisationstheoretische, historische und kulturvergleichende Studien. Frankfurt am Main.

Kyaw Htin, N. (2002): "Yodaya which wants to grab others' territory free." In: New Light of Myanmar: Will telling what is true, barring none.... Yangon.

Lambrecht, C. W. (2004): "Oxymoronic Development: The military as benefactor in the border regions of Burma". In: Duncan, Ch. E. (Hrsg.): Civilizing the margins. Cornell.

Lange, A. (1999): "Der Diskurs der neuen Kindheitsforschung. Argumentationstypen, Argumentationsfiguren und methodologischen Implikationen." In: Honig, M.-S./Lange, A./Leu, H. R. (Hrsg.) (1999): Aus der Perspektive von Kindern? Zur Methodologie der Kindheitsforschung. Weinheim/München. S. 51 - 96.

Leach, E. R. (1960): "The Frontiers of Burma." In: Comparative Studies in Society and History. Heft 3, S. 49-68.

Lebéus, A.-M. (2001): "Kinderbilder und was sie uns sagen." Weinheim.

Legewie, H. (1995):"Feldforschung und teilnehmende Beobachtung." In: Flick, U./Kardorff, E. von/Keup, H./Rosenstiel, L. von/Wolff, S. (Hrsg.) (1995): Handbuch Qualitative Sozialforschung - Grundlagen, Konzepte, Methoden und Anwendungen. Weinheim. S.189-193.

Lenzen, D. (1985): "Mythologie der Kindheit. Die Verewigung des Kindlichen in der Erwachsenenkultur. Versteckte Bilder und vergessene Geschichten." Reinbek bei Hamburg.

Lewis, P. (1969): "Ethnographic Notes on the Akha of Burma." Volumes I-IV. New Haven.

Liebel, M. (2000): "Straßenkinder gibt es nicht. Über die verschlungenen Wege einer paternalistischen Metapher." In: Overwien, B. (Hrsg.): Lernen und Handeln im globalen Kontext. Beiträge zur Theorie und Praxis internationaler Erziehungswissenschaft. Frankfurt am Main.

Lieberman, V. (1984): "Burmese Administrative Cycles: Anarchy and Conquest. 1580-1760." Princeton.

Lindgren, A. (1945): "Pipi Langstrumpf." Stockholm.

Lindner, R. (2003): "Vom Wesen der Kulturanalyse." In: Zeitschrift für Volkskunde 99/2, 2003. S. 177-188.

Loo, M.-J. van de; Reinhard, M. (Hrsg.) (1993): "Kinder - Ethnologische Forschung in fünf Kontinenten." München.

Lyttleton, Ch. (2004): "Relative Pleasures: Drugs, Development and Modern Dependencies in Asia's Golden Triangle." Oxford.

Mankell, H. (2005): "Der Chronist der Winde." München.

Mause de, L. (1994): "Hört ihr die Kinder weinen? Eine psychogenetische Geschichte der Kindheit." Frankfurt am Main.

Mauss, M. (1968/1990): "Die Gabe." Frankfurt am Main.

McCaskill, D. (1997): "From Tribal Peoples to Ethnic Minorities: The transformation of Indigenous peoples: A Theoretical Discussion." In: McCaskill, D./Kampe, K. (Hrsg.) (1997): Development or Domestication? Indigenous Peoples of Southeast Asia. Bangkok.

McCaskill, D./Kampe, K. (Hrsg.) (1997): "Development or Domestication? - Indigenous Peoples of Southeast Asia." Bangkok.

Mead, M. (1928): "Coming of Age in Samoa." New York.

Moerman, M. (1965): “Ethnic Identification in a Complex Civilization: Who are the Lue?” In: American Anthropologist 67. S.1215-1229.

Montgomery, H. (2000): “Abandonment and child prostitution in a Thai slum community.” In: Panter-Brick, C. (Hrsg.) (2000): Abandoned Children. Cambridge.

Mulder, N. (1979): “Inside Thai Society: An Interpretation of Everyday Life.” Bangkok.

Mulder, Niels (1997): “Thai Images - The Culture of the public world.” Bangkok.

Nugent, P./Asiwaju A. I. (1996): “The paradox of African Boundaries.” In: Nugent P. (Hrsg.) (1996): African Boundaries: Barriers, Conduits and Opportunities. London. S. 1-17.

Panter-Brick, C. (2000): “Nobody’s Children? A Reconsideration.” In: Dies. (Hrsg.) (2000): Abandoned Children. Cambridge.

Petermann, F./Kusch, M./Niebank, K. (1998): “Entwicklungspsychopathologie.” Ein Lehrbuch. Weinheim.

Petrich, M. (2003):”Blume des Todes.” In: Markand, A.M./Petrich, M./Klinkmüller, V. (2003): Myanmar. Stefan Loose Travel Handbuch. Berlin. S. 381.

Prout, A./James, A. (1990): “A new Paradigm for the Sociology of Childhood?” In Dies.: Constructing and Reconstructing Childhood (1990). London

Reddemann, L./Sachsse, U. (1997): “Themenheft: Traumazentrierte Psychotherapie, Teil 1.” In: Fachzeitschrift Persönlichkeitsstörungen - Theorie und Therapie. 3/1997. S. 113-147.

Robben, A. C.G.M/Suarez-Orozco, M. M. (2000): “Cultures under Siege: Collective Violence and Trauma.” Cambridge.

Rutter, M. (1990): “Psychosocial Resilience and protective Mechanisms.” In: Rolf, J./Masten, A./Chiccetti, D./Nuechterlein, K./Weintraub, S. (Hrsg.) (1990): Risk and Protective Factors in the Development of Psychopathology. Cambridge. S. 181-214.

Scholz, G. (1994): “Die Konstruktion des Kindes. Über Kinder und Kindheit.” Opladen.

Schütz, A./Luckmann, Th. (2003):”Strukturen der Lebenswelt.” Konstanz.

Schurian-Bremecker, Ch. (2002): “Der Mann mit dem Stiefel. Fotographie und touristisches Verhalten.” In: Backes, M./Goethe, T./Günter, S./Magg,R. (Hrsg.) (2002): Im Handgepäck Rassismus: Beiträge zu Tourismus und Kultur. Freiburg im Breisgau. S. 175-190.

Shantz, C. (1983): “Social Cognition.” In: Mussen, P. H. (Hrsg.) (1983): Handbook of Child Psychology. Bd. 3. New York. S. 495-555.

Strassoldo, R. (1989): “Border Studies: The State of the Art in Europe.” In: Asiwaju, A.I./Adeniyi, P.O. (Hrsg.) (1989): Borderlands in Africa: A Multidisciplinary and Comparative Fokus on Nigeria and West Africa. Lagos.

Sepúlveda, J. G. de (1951): “Democrates alter.” Madrid.

Tambiah, St. J. (1977): “World Conqueror and World Renouncer: A Study of Buddhism and Polity in Thailand against a Historical Background.” Cambridge.

Todrodov, T. (1985): "Die Eroberung Amerikas. Das Problem des Anderen." Frankfurt am Main.

Twain, M. (1884): "The Adventures of Huckleberry Finn." New York.

Vachara S. (2002): "Thai History - from a Nation State to the present." Unveröffentlichtes Vorlesungsskript. Thammasat University, Thai Studies Program (Aug. - Dec. 2002). Bangkok.

Veith, H. (1996): "Theorien der Sozialisation. Zur Rekonstruktion des modernen sozialisationstheoretischen Denkens." Frankfurt am Main.

Weedon, Ch. (1987): "Feminist Practice and Poststructuralist Theory." Oxford.

Woodhead, M. (1997): "Psychology and the Cultural Construction of Children's Needs." In: James, A./Prout, A. (Hrsg.) (1997): Constructing and Reconstructing Childhood. London. S. 63-84.

Wustmann, C. (2004): "Resilienz. Widerstandsfähigkeit von Kindern in Tageseinrichtungen stärken." Weinheim/Basel.

Zimmer, L. (2005): "Bericht der Lehrforschung in Maesai, Thailand." Unveröffentlichte studentische Arbeit, Institut für Ethnologie, Freie Universität Berlin.

Zinnecker, J. (1997): "Straßensozialisation. Ein Kapitel aus der Geschichte der Kindheit und Pädagogik." In: Adick Ch. (Hrsg.) (1997): Straßenkinder und Kinderarbeit. Frankfurt am Main.

--- (1996): "Soziologie der Kindheit oder Sozialisation des Kindes? - Überlegungen zu einem aktuellen Paradigmenstreit." In: Honig, M.-S./Leu, H. R./Nissen, U. (Hrsg.) (1996): Kinder und Kindheit. Soziokulturelle Muster - Sozialisationstheoretische Perspektiven. Weinheim. S. 31-53.

Berichte und Materialien von Nichtregierungsorganisationen

Lahu National Development Organisation (Apr. 2002): "Unsettling Moves - The Wa forces resettlement program in Eastern Shan State (1999-2001)." Chiangmai.

Lao UNESCO Committee (1996): UNESCO Conference on Safeguarding and promoting the intangible Heritage of the Minority Peoples in PDR Laos. Data-paper. Vientiane, Laos 7-11 Oct. 1996.

Palaung Women's Organisation (2006): "Poisoned Flowers - The impacts of spiralling drug addiction on Palaung women in Burma."

http://www.womenofburma.org/Report/PoisonedFlowers.pdf (20.09.06)

Shan Women's Action Network (2003):"Shan Refugees: Dispelling the Myths." Chiangmai.

UNICEF, Deutsches Komitee (Hrsg.) (1997)a:

"Straßenkinder. Eine Einführung in die Lebenssituation von Kindern in Großstadtslums." Reihe: UNICEF-Dokumentation . Dokumentation 13. Köln.

UNICEF, Deutsches Komitee (Hrsg.) (1997)b:

"Information: Endstation Straße. Schutz und Hilfe für Straßenkinder." Köln.

Zeitungsartikel

BANGKOK POST:

--- "Burma's silence must trouble all." (21.03.2006).

--- Khwangkhom, Arthit: "Inhalants the new front in war on drugs." (16.04.2006)

--- Janchitfah, Supara (2006):"Cartographic Displacement" und "Naturalisation - Proposal Sparks Debate." (30.04.2006).

--- Khong, Rithdee: "Pride and Prejudice - Thai 3D Animation Boasts Technical Brilliance in a Story Marred by Blatant Jingoism." (12.05.2006).

BURMA NACHRICHTEN:

"Rückgang der Opiumproduktion." Asienhaus Essen (www.asienhaus.de) (5/2006).

IRRAWADDY:

"Keine Kindersoldaten in ethnischen Armeen." (14.06.06).

THE NEW LIGHT OF MYANMAR:

"Boarder Region Development Projects Being Implemented with the Greatest and Noblest Intentions. " (14. 02 94).

Nachschlagewerke

Kubik, G. (1988): "Sozialisation." In: Hirschberg, W. (1988) (Hrsg.): Neues Wörterbuch der Völkerkunde. Berlin. S.444.

Der Duden (1966): "Universallexikon." Mannheim. S. 663.

Webbasierte Quellen

Baan Nana/Childlife:

www.childlife-maesai.org/ Eingesehen am: 09.07.05Karten

CIA - The World Factbook - Southeast Asia:

www.cia.gov/cia/publications/factbook/reference_maps/southeast_asia.html. Eingesehen am: 20.09.2006.

Anhang

1. Historisch-politische und ethnische Hintergründe zur Situation im Shan-Staat

Das Shanland, das Gebiet das früher durch Fürsten der Shan regiert wurde, war vor der Kolonisierung durch Großbritannien als Tributstaat der bamarischen Reiche administrativ, politisch und kulturell weitgehend autonom. Durch die hohen Berge des Shanplateaus geographisch vom bamarischen Tiefland abgegrenzt, orientierten sich die Anwohner gen Osten und Süden, nach China und Thailand hin. Im Osten des Shanlandes traf das britische Kolonialgebiet auf französisches Territorium, das heutige Laos. Das Shanplateau wurde zur Pufferzone zwischen den beiden Großmächten; die dortigen Fürsten, die *Sabwas*, behielten ihre Selbstbestimmung. Die shan-bamarischen Beziehungen verliefen bis dahin weitgehend friedlich. Mit der Unabhängigkeitsverfassung von 1947 wurden die verschiedenen *Sabwas* jedoch zusammen mit den Gebieten der Wa zu einem Unionsstaat zusammengefasst, und die Zentralregierung übernahm zunehmend formale Kontrolle. Der bis heute aktuelle Konflikt zwischen Shan und Zentralregierung geht auf die Nicht-Einhaltung des Versprechens zurück, das den Shan mit der Sezessionsklausel im Unabhängigkeitsvertrag gegeben wurde. Die Autonomiebestrebungen der Shan-Eliten, die seit Ende der Fünfziger Jahre nachdrücklicher wurden, wurde nicht stattgegeben. Es folgten lange Jahre der Auseinandersetzungen, in denen sich die Widerstandsbewegung in viele verschiedene politische und paramilitärische Gruppen unterteilte. Heute hat sich zwar die ursprüngliche Zielsetzung des Unabhängigkeitskampfes verändert, die Abneigung gegen Vertreter der Bamar, insbesondere gegen Vertreter der Zentralregierung, bleibt jedoch ein Thema unter den Shan und den anderen kleineren ethnischen Gruppen, die heute im Shan-Staat leben. Obwohl es sich beim Shan-Nationalismus in erster Linie um einen Nationalismus der Eliten handelt, haben sich über die Jahrzehnte hinweg auch in der Bevölkerung Vorurteile gegen die, die Regierungsämter dominierenden, Bamar perpetuiert, welche sowohl auf negative persönliche Erfahrungen, als auch auf die räumlich Distanz zum Hauptsiedlungsgebiet der Bamar, der Tieflandregion im Landesinneren, zurückzuführen zu sein scheinen.

Ein Bewohner Tachileiks, dessen Name aus Personenschutzgründen nicht genannt wird, beschreibt seine Sicht auf die Beziehungen zwischen den ethnischen Gruppen im Süden des Shan-Staats folgendermaßen:

> "Die Wa [deren Druglords seit einigen Jahren das Drogengeschäft dominieren, und von denen große Zahlen von der Wa-Region im Nordwesten des Shan-Staates in den Südosten umgesiedelt wurden], erkennt man schon an den, den ethnischen Wa vorbehaltenen Autonummernschildern. Die restliche Bevölkerung des Grenzortes fühlt sich von ihrer wirtschaftlichen Dominanz und durch die gewaltsame Kontrolle vieler umliegender Gebiete unter Druck gesetzt und wehrt sich erfolgreich gegen die Ansiedlung von Wa-Familien in Tachileik. Schlimmer sind nur Bamar selbst, vor allem Beamte. Alle kleineren ethnischen Gruppen eint ihre Unterlegenheit und ihr Hass gegen die als Besatzer empfundenen Vertreter der einwohnerstärksten Ethnie Myanmars. Vertreter aller anderen ethnischen Gruppen stehen sich nahe, von überall in Myanmar kommen sie in den Grenzort.

Viele heiraten untereinander, so wie ich zum Beispiel. Meine Eltern sind Palaung, eine Gruppe der Karen. Meine Familie kommt aus der Nähe von Taungyii, meine Geschwister leben in Yangon. Ich bin auf eine britische Missionsschule gegangen, die Mutter meiner Frau ist Lisu, ihr Vater Chinese. Sie pflegen einen animistischen Glauben, ich bin Katholik. Neben Englisch, Thai und Bamar, spreche ich Palaung, Lisu, Shan, ein wenig Akha und Chinesisch. In der Schule habe ich auch Latein und Griechisch gelernt, aber das meiste schon wieder vergessen."

2. Die thailändische Nation und ihre Minderheiten

McCaskill (1997) sieht in dem ethno-nationalistischen Staatskonzept, das in Südostasien Ende des 19. Jahrhunderts unter dem Einfluss weltweit populärer ethno-nationalistischer Bewegungen seine Entfaltung begann, den Grund dafür, dass ethnische Minderheiten in Thailand heute zur kulturellen Anpassung gezwungen werden. Die Definition von Nationen als Gruppen von Menschen, die aufgrund einer gemeinsamen Kultur gemeinsame Interessen vertreten und als herausragendes Ziel Autonomie anstreben (Donnan/Wilson 1999), entstand im europäischen Kontext des 18. und 19. Jahrhunderts und wurde ab dem späten 19. und frühen 20. Jahrhundert unter dem Druck der Kolonisierung der umliegenden Länder und der vermehrten Orientierung der thailändischen Eliten an westlichem Gedankengut aufgegriffen. Heute wird die Annahme, ein Staat brauche zu seinem Funktionieren, zur Aufrechterhaltung seiner Stabilität einen homogen-kulturellen 'Volkskörper', als politikleitende Prämisse vorausgesetzt (McCaskill 1997, S. 29). Im Prozess der Bildung einer Nation wurden die vielen in thailändischen Tieflandgebieten siedelnden ethnischen Gruppen zum Nationalvolk der 'Thai' zusammengefasst und die Inhalte der thailändischen Nationalkultur propagiert. Die im Hochland siedelnden Ethnien wurden jedoch aufgrund ihrer räumlichen Abgeschiedenheit und der Differenzen in Glaubenssystem und Lebensweise zunächst nicht mit einbezogen und später aktiv ausgegrenzt.

Diese Abgrenzungsstrategie, die aus ethnisch-religiösen Parametern Kriterien für nationale Identität formuliert und als Voraussetzung für Staatszugehörigkeit umsetzt, erfuhr unter der nationalpopulistischen Regierung Taksin Shinawatras neue Populariät. Die ethnischen Gruppen der Berge kommen in dem gesellschaftspolitischen Diskurs um 'Thainess' weiterhin nicht als vollwertige Mitbürger vor; sie werden unter extremen Anpassungsdruck gesetzt. Die Nicht-Anerkennung von Staatsbürgerschaft ist eines der Mittel dieser Ausgrenzung (ebd. S. 30); daneben gibt es andere - z.B. die kulturelle Dominanz durch national-thailändische Curricula in Schulen der Bergdörfer.

3. Politische und ökonomische Hintergründe zu Thailand und die Beziehung zu Myanmar

In Folge der gesellschaftlichen Veränderungen in Myanmar nach 1988 und der graduellen Öffnung, kamen Handelsabkommen mit Thailand und China zustande, die zunächst vor allem den Handel von natürlichen Ressourcen über die Grenzen hinweg förderten.

In den 1990er Jahren veränderte sich mit der Verhinderung eines erneuten Militärputsches durch Massendemonstrationen (1992) das politische Klima in Thailand. Die erstarkende Zivilgesellschaft verschaffte sich zunehmend Einfluss auf die Grenz- und Außenpolitik, was in der Intensivierung der Handelsbeziehungen mit Myanmar mündete. Der Grenzverkehr nahm seitdem stark zu - begünstigt unter anderem durch das Waffenstillstands-Abkommen der myanmarischen Regierung mit den Shantruppen.

4. Zeichnungen von Michi

Abbildung 26:
Zeichnung Michi,
März 2006 (Bild 1)

Abbildung 27:
Zeichnung Michi,
März 2006 (Bild 2)

Abbildung 28:
Zeichnung Michi,
März 2006 (Bild 3)

5. Ein Auszug aus einem Gespräch mit Amina

Wir konnten Amina, weil sie sich von ihrer Mutter beobachtet fühlte, nicht dazu überreden, mit uns alleine zu sprechen und dabei ein Stück von der Brücke wegzugehen. Die Mutter befürchtete, wir könnten Amina nach Baan Nana bringen. Amina ließ sich jedoch zu einem gemeinsamen Mittagessen mit zwei ihrer Freundinnen in ein Restaurant direkt an der Brücke einladen, auf dessen Terrasse uns die Mutter vom myanmarischen Ufer aus sehen konnte.

Jeab: Why did you come back for begging?
Amina: Because my father told me to.
Jeab: How long are you back already?
Amina: Two or three days.
Jeab: For how long will you stay?
Amina: I don't know.
Jeab: As you're back to begging, don't you want to go to school any more?
Amina: ---
Jeab: Amina! Where is Yamue?
Amina: At home.
Jeab: Did he tell you to beg for him?
Amina: Possible... he wants to stay in Myanmar, he can't beg for as much money as me.
Jeab: What does he do at home?
Amina: He works...
Jeab: Does he amphetamines?
Amina: Yes.
Jeab: A lot?
Amina: Yes.
Jeab: And your father?
Amina: He is at home, too.
Jeab: What does he do?
Amina: He smokes.
Jeab: Does he smoke the big pipe?
Amina: Yes, he smokes Yaa Sit *(Opium).*
Jeab: And your mother?
Amina: She came here to the bridge as well, of course *(laughs).*
Jeab: Oh yeah, I saw her. Does she accompany you?
Amina: Yes. But she doesn't beg. She orders me to beg.
Jeab: How much money can you get a day begging?
Amina: ---
Mitaja *(Amina's friend sitting next to her):* She can get a lot. She's among the best beggars on the bridge.
Jeab: Do you like begging?
Amina: No. It's not fun at all *(laughs).*
Jeab: If it's not fun, why do you beg?
Amina: I don't know *(laughs).* I love my father.
Jeab: What is more fun - going to school or begging?
Amina: School! *(laughs)*
Jeab: Are you going to come back for school?
Amina: If I come to school I can't beg for my father and mother.
Jeab: Who told you to beg?

Amina: My father.
Jeab: Whom do you beg from?
Amina: I don't know. We always just say: 'Him, her - with them it might work'. People from Maesai, not from Myanmar, foreigners...
Jeab: People like Lena? Why don't you beg from Lena?
Amina: *(laughs)* With her it's not the same.
Jeab: What else do you when you are back at home?
Amina: I don't know. I go back at night and sleep.
Jeab: How old are you, actually?
Amina: I am eleven.
Jeab: Are you going to come back to Baan Nana?
Amina: During the holidays I won't. But after towards the end of the holidays I will.

6. Beschreibung eines Falles von Human Trafficking

Den Ablauf eines Handels mit einem Kleinkind beschrieb mir Asan folgendermaßen:

Asan: At that time the police caught me, too. Together with them. But I didn't do anything like that. That's why they let me out of jail.
They [the kids] took the children and then sold them. For a girl they'd get 3000 Baht, for a boy 2000. [They got them] from the Burmese side. They stole them, then [sold them] on the Thai side to Thai people. There are still people coming [buying them]. I know about six cases [where children have been sold].
They did it during the night. They came with a car and put the children in the car. They got the children and gave them candies. When they where inside the car, nobody could hear them crying.
I have been shocked [electric shock] by the police. Like: 'De De De De De!' Because they wanted me to tell the truth. I didn't know what to say. The policemen said it takes only 5 minutes until you fall unconscious. Tak, tak, tak, tak! [Paka] he was given electric shocks too.
Not only Paka [stole the 6 children in Burma]. There were several people. Paka and Yasue. No, Yasue never did it. Talui. And someone else, I can't remember.
Lena: Has anyone around the bridge ever asked you to do that?
Asan: Yeah.
Lena: Who? Is this person still on the bridge?
Asan: Yeah. On the Thai side. [He is] a Thai. He asked me to take a child. He told me he'd give me 5000 baht. I couldn't do it: 10 years [in prison].
Lena: Do you know what they do with the children that get trafficked?
Asan: Maybe they take care of them like a son or a daughter. Maybe some of them got a hand or foot cut off and made begging for money at the bridge, a long time ago. But now there's nothing like that. Here there's nothing going on like that. In Bangkok it happens. Somebody told me that. Yeah, I think maybe some children who disappear from Burma get a hand or foot cut off and made to beg in Bangkok. But maybe some have a better chance. They [the people] should ask for permission to take care of the children!

7. Thailändische und myanmarische Gefängnisse

Die Unterschiede zwischen thailändischen und myanmarischen Gefängnissen beschreibt Asan folgendermaßen:

> **Jeab:** How did you feel the first time you were in jail?
> **Asan:** It was fun. It was fun. Definitely. It was fun. If you don't worry about it, it's fun. But if worry about it, it's not fun. Like that. Every time I come to a Thai jail, it's fun. But if I'm in a Burmese jail, it's not fun.
> I don't want to stay there. When Thai police ask me if I'd want to stay in a Thai jail for 10 years or in a Burmese jail for 1 year, I say I'd stay in the Thai jail for 10 years.
> **Jeab:** What's the difference?
> **Asan:** Oh, you don't know. After 1 year in the jail, some of them die. A lot of them die in the jail. They work so hard and sometimes go to the forest to build roads. In Burma. They force them to search for precious stones. Stuff like that, they work so hard. If they don't work they get beaten. In the Burmese jails you can't just eat and wait. It's not just staying day by day and having free time. It doesn't work like that. There is not a single day that you don't work. If there's a rainy day, when it's raining really hard, you still have to work. There's a big pond and in the pond are water plants.
> **Jeab:** Do you mean like algae?
> **Asan:** Mmmm. There's a lot of it and it's a really big pond. They force the inmates to go to the pond and remove the plants. It's raining but it doesn't stop anything. You just keep working.
> You can't just stay and do nothing. You have to work. If you're sick and can't work they send you into the forest. If they send you into the forest to die. So they want you to die. They send you into the forest with soldiers so that they can't stay like this, they keep walking and walking. Keep walking, for three days and stop for 6 days. Walk for 3 days and stop for 6. You know someone who's sick? They die. Something like that. So when they walk, it's not just walking. You need to carry a bag and in the bag are many bombs, your rice and everything. Bullets. Gun also.
> You need to carry around 30 kilos. Around 30 kilos on your back, could you carry it to the first house? That's how everything is. It's heavy but you're scared. You have to work like a buffalo. If you're a soldier you have not brain, like a buffalo, stupid. That's what they are.
> **Jeab:** Have you ever experienced anything like that?
> **Asan:** Yeah, I have. When you go to from the jail to work you have to carry 50 kilograms. Both of you with 2 sticks and a 50 kilogram load.
> In Mawlamyine there are two lives. The first life doesn't die quickly, the second life dies very fast. The second life, you need to break stones. You break the big stones with bombs. When the bombs explode and hit you. The stones break apart and hit you and you die, very fast, that happens a lot.
> So another life, do you know what they do? They make you work on the field, normally they use buffalo and cows but they make you do this work. Take it like this and go. If you don't go they stab you with a metal stick on

your arse. They stab like this whether you go or not. You bleed from your arse.
You get wounded. Stuff like that happens. At Mawlamyine no one is ever disobedient. No one is disobedient like in Thailand. There are no bad guys. Everyone is afraid of the jail.

8. Zeichnung von Aphu

Abbildung 29: ZeichnungAphu, März 2006 (Bild 1)

9. Asan darüber, wie seine Mutter ihn ankettete und wie er sich befreien konnte

"When they chained me up the chain was quite long. To here. I wore it from here to here *(points his feet and his waist)*. So I just wore long pants and boots like this. I wore something like that. I wore socks too. To cover it up. And wore long pants. It was inside. I just tied it together with a rope. Socks, I just wore socks and boots. I'd wear long pants like this and then I just walked away. When I could go out I'd go to the shop and buy a saw. I'd cut it off and throw it away. I could go wherever I wanted and sniff glue.

[My mum chained me up] about 6 times or more. The longest time was 8 months. I waited for them to let me free. I waited for them for 8 months, but they didn't let me free. I just hit my uncle with a stick. I asked: 'can you let me go? Yes or no.' I just asked two words. He said no. I said that it had been 8 months already. He said that he couldn't let me go. We started fighting together. After I hit him he stayed in the house. I just locked the door and left.
I went out with the chain still on. I didn't care. I went to Maesai and to the bridge as well. I wasn't scared of anything. I still had the chain on my legs, kling, klang, kling, klang. 'Hey, he's mad', that's what the others said to me. I didn't care. I went until I arrived to the shop and used the saw to cut it off and threw the chain away. "

10. Asan über seinen Großvater

„My grandfather has many skills. He can do many things. He's very intelligent. When I was young he taught me. He had a lot of books. Like this. Very old books, about being a good person but I had no intension of reading them. But at the beginning when I met him I wanted to read them. In front of his house were mango-trees. A lot of mangos. When my uncle would wake up he would go to the mango trees and clap his hands three times and mangos would fall from the tree. For each clap a mango would fall from the tree.
He had magic powers. I watched him to do that many times. I was young and wanted to learn how to do it. I said "Grandfather, I want to learn how to do that". He said you shouldn't learn about it because it's not a good thing. That's what he said.
This is a bad thing and you're still young. Can you wait? You can do harm to other people. You shouldn't learn it. I asked him many times. My grandfather let me try for 2 days. He said yes, I will teach you. He taught me that if you find food in the night-time you shouldn't eat it. When I came back from watching television at 1 am there was a lot of food on the street. He taught me not to eat it. He gave me many small sticks. He said that when I find food I should put it on the food. If I find fried chicken I should put it on the chicken. For the snack food, don't eat it, put a stick on it. On the street I found a lot of snacks, food and rice. I just put it on top and when the morning comes I came back and looked at it. All of them had become shit. But I became lazy. I didn't want to learn more. My uncle asked me if I can wait. But I don't want to. That's why I didn't learn any more. But if I could read, I could learn all of it.
My grandfather caught a thief. He taught me how to catch thieves. He used a bowl, fill it with water and put it on his lap. He would take some leaves and boil them. I don't know what kind of leaves. Then he'd put them in the water and blow on them 5 times. He moved his finger like this 3 times. And then blow twice. He'd blow like this and then the leaves would move like this. The leaves go around and around like this. The suspects sit around the bowl. The leaves go around and around and go to the thief. It doesn't lie. I've had an experience with it. I stole alcohol and drunk it. I stole it and drunk it. He asked me if I stole it and drunk it. I said no, I didn't. Are you lying to me? Did you drink it? I said I really didn't.

Come here! He called me and got the bowl. He took some leaves and did it. A couple of people came and did that in my grandfather's home. Some of them lost their necklace, their rings, and stuff like this. [He caught the thiefs]."

11. Asan über seinen Vater

Asan beschreibt seinen Vater, dessen Beziehung zur Mutter, zu ihm und zu Amphetaminen:

"Before I was born my dad was a soldier. And then when I was three years old my dad received a soldier's medal. And then he left from the army. He ran away to Maesai. He stayed here in Thailand and started to use Amphetamines. One time he was really high and hit my mum. My mum got really angry and told the police. She told the police that he was a Burmese soldier and had run away from the army. After that the police took dad away.
When I was really young I wasn't close to my mum. My dad gave me everything that I wanted. My parents had only 3 children. My dad loved me the best. He also hit me a lot. Because of love that's why he hit me. My dad would hit me because I'd leave and not come back for a couple of days. Things like this. When I'd come back he'd hit me. If I didn't come back he would try to find me and hit me. And because of the glue and amphetamines. He'd hit me because of things like that.
My dad taught me not to steal, not to make amphetamines, he was a good person. Even when he was poor he would always be honest. He never stole. He was never a criminal. He was an honest working man. If I'd fought with someone and came back home crying, my dad would never confront who I'd fought, he'd just tell me to go back out and fight them again. "If you don't hit them, I'll hit you". He taught me this. He never taught me any bad things. But he used to go and use drugs. I went with him once and found out. I never used drugs with him; I just did it by myself. This is how I became lost.
My father can't take amphetamines. If he uses it he gets mad. Because he used it a lot. He's different now, because once he used a big bag of it, all through the night. Heaps. When he'd use them, he'd take lots each time. If he used amphetamines he'd become really mad. That's why he doesn't use it. He'd hit my mother. He got a new girlfriend. "

12. Asan über seinen Bruder

„I had an older brother *(the eldest)* who stayed on the bridge and used glue. I really loved my older brother and tried to find him. I stayed with him and did everything with him. Amphetamines, glue, heroin, everything. [...] And then my older brother left to stay in Chiang Mai."

13. Asan über seinen Onkel väterlicherseits

My uncle never hit me; he would just ask what happened. He took me everywhere I wanted to go. One day he was bored and went to the tree and hung himself with a rope. In the morning after I woke up I tried to find him. As I was searching someone told me that my uncle was there. I went there and found him.

14. Asan über die häusliche Situation und die Anfänge auf der Brücke

My parents were fighting. When my parents were fighting I didn't wanna stay home. My ears would hurt. I left to stay on the street and on the bridge. It just happened like that. Then Dad wasn't at home. That time he was in the jail. So I stopped going to school. My father loved me so much. I had nobody. That's why I didn't want to stay home. When I was at home, I'd cry everyday. I ran away from school. [...] When I came home, my mum asked me if I'd been to school. I said yeah. I did that for a long time. My mum found out and told my older brother to take care of me. If I didn't go to school, they'd tell my father. My mother hit me, my father too. Every time. I was scared. That's why I didn't go back home. I started staying on the bridge. [...]
When I stayed at the bridge, my mother would try to find me and take me back, but I'd run away. Sometimes she got me and made me come back home. She talked friendly with me. But I didn't agree with her. At first I went to go to the bridge many times. Went around ten times. When my parents talked to me, I never listened. I just wanted to go to the bridge. They didn't want me to stay in the street. Because it is not good. My mother tried to tie me up.

15. Asan darüber, wie er sein Elternhaus in Brand steckte und ausraubte

But I don't want to do something like last time when I asked for 200 Baht from her. She didn't give it to me. I burned down the house with petrol. First I used petrol to burn the door. After that I got whatever I wanted. I broke everything - tum, tam. If they didn't give me what I wanted I'd burn down everything. If my grandmother wasn't there when I burned the house with Petrol - dead, everything would be gone. If my grandmother wasn't there when I burned the door - whoof!
[...] I stole things from my house. Television, CD-player, money - 2000 Baht, my younger brother's gold necklace. I'd take them and sell them. With the money I'd buy drugs.

16. Asan über seine Zeichnungen und die Drogenabhängigkeit

People who use drugs have to sleep here (at the graveyard). When you first start using it you wear good clothes. At the beginning they get support from their parents. They can wear good clothes. They have nicely cut hair and look good. When they take drugs they dance.

Abbildung 30: Zeichnung Asan, April 2006 (Bild 1)

This is the second step. They sit here [graveyard]. They sit here and smoke but they're not really happy. They're not very happy but still a little bit happy. They can find beautiful girls. Take drugs and then find a girl. The second step is like this. This is a person smoking at the place where the dead people are. They don't think about houses. They just take amphetamines and stay there. Sometimes they borrow money from friends and sometimes they work a bit and then it's up to the employer how much they want to pay them. And then they spend it on amphetamines. Writing in the picture *(in Thai):* "People who have used drugs have to come face to face with them!"

Abbildung 31: Zeichnung Asan, April 2006 (Bild 2)

This is the third step. In the third step they're really sad. They're not happy. They can't find any girls. There's just smoke.

Abbildung 32: Zeichnung Asan, April 2006 (Bild 3)

In the fourth step they die.

Abbildung 33: Zeichnung Asan, April 2006 (Bild 4)

In the beginning you have to meet this lady first. She has a flower in her hair. And then she asks what did you do wrong. You say you did this and that wrong, you need to go here first. After that you proceed.

Abbildung 34: Zeichnung Asan, April 2006 (Bild 5)

This is someone else who you meet when you die. This is the leader of the devil gang.

Abbildung 35: Asan Zeichnung, April 2006 (Bild 6)

The leader of the devil gang, right! From the beginning you'll find this one and this one then this one. When you go to hell you'll find most of them. People who use drugs have to meet them first. And then you go to the dragon.

Abbildung 36: Asan Zeichnung, April 2006 (Bild 7)

The dragon hits you. After the dragon hits you, you get a new life, born as a human. And then you take drugs. Right? When you're born as a human you'll continue to take drugs as well.
It happens like this. There's no fifth step.

From the beginning it happened to me like this. Wear good clothes, smoke amphetamines. The second step happened and then the third step happened as well. But the fourth step hasn't yet happened. I'm not sure when it will happen. Now I'm back in the first step *(in Baan Nana)*. It's true. I wear good clothes. I stopped smoking that kind of drug and went back.

17. Asan über Einsamkeit und die Qualitäten seines Freundes

I'm quite lonely. Only Aphu is a close friend of mine. Only him. He's different from the others. He doesn't steal or cheat. If he has money he'll pay for anyone who's close to him. But if someone wants to cheat him, they can only do it once. They don't get a second chance. I like his style.

18. Asan über seinen Traum der vorherigen Nacht

I dreamt last night, I don't exactly know who I love, Miitu (the girl that reminds him of his former girlfriend) or Alu (another girl that he had a girlfriend-like relationship with before) but I miss Miitu all the time. I never miss Alu. I went to Alu and held her hand and told her that I love her. I told her that and then Miitu came along. She asked me if I love her. 'Why did you lie to me?' She said that. 'You don't know how much I love you.' I said that I'm not in love with her anymore, then I took Alu's hand and kissed it. And then I went with Alu to my place. We ate together. Miitu came with a knife and stabbed me. Then I suddenly woke up and called 'Kru Ngaow, Kru Ngaow, Kru Ngaow'. I called him but he didn't wake up. I dreamt again. Miitu stabbed me again with the knife. I blew up a balloon and played football with it. She came and got really angry at me. She stabbed me again. She stabbed me twice, but I didn't feel it the first time. Then I woke up and called Kru Ngaow again. But he didn't wake up. I fell back to sleep again. Ngaow told me that when I was sleeping I cried. Ngaow kicked me to try to wake me up because I was crying. But I didn't feel anything because I was sleeping.

19. Asan über lebensgefährliche Erlebnisse

They wanted to kill me because I'd stolen some amphetamines at the mountain. They tied me up and a friend and said that they would shoot us at 4 o'clock. A friend of my father came and asked me what happened and who my father was. I told him what my father's name is. He said, "Hey, your father is a friend of mine". He told them that and they let me go. He also paid for us. And then we walked down the mountain. Before I left they asked me how much I can use. I told them 2 bags. They gave me 5 bags. They told me to leave and never to do it again. They paid for me. Then I left. I used some of the drugs they gave me and sold some also.

There were four of us. One died. Three didn't. We went there to transfer some fake amphetamines to Tampajong village. And then the police, there was a policeman. He handcuffed me and one of my friends stabbed him with a knife and he died. My friend swore at the soldier and they shot at us. My friend told everyone to leave and not to wait for him. We crossed the river to Burma. I was shot but I didn't realise it. When I got home there was a lot of blood, my father asked what happened. When I looked at my leg I cried. When I was shot I didn't realise.

20. Asan darüber, wie er im Alter von acht Jahren unwillentlich den Tod eines anderen Kindes verschuldete

I didn't really want to kill him. I didn't think he would die. I just hit him. Someone here. He said that he couldn't breathe. After two days in the hospital he died. I asked him why he hit my younger brother (his cousin). We couldn't talk any more. He wanted to punch me. I used a bamboo stick to hit him here. I just hit him only two or three times. He said "I can't breath, I can't breath" He said "It hurt. It hurt". Then his parents took him to hospital. After just two or three days in hospital he died. So his parents requested money. My father gave them some. I don't know how much. You know why? Because it was just children fighting, because of that it wasn't so bad. You can't ask why and you can't punish, when someone's that young. Informing things like that to the police isn't a good idea. Because they are so young. When it's just children, the older people can't do anything. He said he's already dead. His father said it like that. My father gave him money, I don't know how much. That's why I didn't go to jail, even though I should be there.

21. Asan über den Beruf des Drogendealers und seine besonderen Fähigkeiten darin

I don't want to do other work. It's just easy to sell it *(amphetamines)*. So I just sell it. I don't care about anything. I don't worry about eating. When I use it I don't worry about anything. Because I have everything already.
That's why I sell it. I just sit at the graveyard alone. They come, one person. 'Do you have?' Yes. They take it. Someone else comes. 'Do you have?' Just use it here. It happens like this. More and more come, around 20 or 30 people. There are a lot. We use it together. So we're all friends. But I can't give it to them for free. Give me money. I don't worry about anything. I just sit there and sell. Over there no one can use as much as me.
Some of them use only 5 or 1 or 10. But I have the paper in my mouth all the time. I take it all the time. 25, a bit more. 30. Only I use that much. In one day I use that much just because I have it with me.

Some of them who sell it, are scared of being caught. I just sit at the graveyard. When the police come I never run away. But they never see me. Beside me is nothing. Every time they come they never find me. Other people are surprised by me. I just sit, stand up and talk about amphetamines, they give me money. The police came. They're not ready to run away but I've disappeared already. Moa! Where did I disappear to? They some times just boom I've disappeared, boom I've disappeared.

Abbildung 37

Abbildungsnachweis

Abbildung 1: CIA - The World Factbook - mit Änderungen

Abbildung 5, Titelbild: Jan Lehmann

Abbildung 7, 19, 37: Mike Daly

Abbildung 10: Dietmar Roller

Abbildung 12: Matcha Pornin

Abbildung 13: Guljohn Jeamram

Abbildung 2, 3, 4, 5, 6, 8, 9, 11, 14, 15, 16, 17, 18, 20, 21, 22, 23, 24, 25: Lena Zimmer